El Dios que adoramos

Gerald Nyenhuis

Contiene un estudio programado por la Facultad Latinoamericana de Estudios Teológicos

EDITORIAL UNILIT

FLET UNIVERSIDAD

EL DIOS QUE ADORAMOS
Revisión 2003

Universidad FLET
14540 S.W. 136 Street, Suite 202
Miami, Florida 33186

Autor: Gerald Nyenhuis
Diseño textual: Logoi, Inc.
Portada: Meredith Bozek

Producto: 491045
Categoría: Referencia / Ayudas pastorales
ISBN: 0-7899-0341-5
Impreso en Colombia

CONTENIDO

Introducción 5

1. El Dios conocido 7
2. Para conocer al incomprensible 15
3. El Dios creador 23
4. Atributo: algo que se conoce de Dios 29
5. Los atributos de Dios 35
6. Amor, soberanía, veracidad y justicia 43
7. El Dios que adoramos / parte 1 51
8. El Dios que adoramos / parte 2 57
9. Historia de la Trinidad 65
10. La comprensión de la doctrina de la Trinidad 71
11. La prueba bíblica de la doctrina de la Trinidad 77

Apéndice

La seguridad descansa en el control divino, Rolando Gutiérrez-Cortés 85

El valor de la doctrina de la Trinidad, Oliver Buswell 89

La Trinidad y el problema de la existencia, Francis Schaeffer 95

La creación, la existencia y el carácter de Dios, Francis A. Schaeffer 99

El camino hacia el conocimiento de la fe cristiana, Andrés Kirk 103

El carácter de Dios, Timothy Dwight 111

Guía de estudio 129

INTRODUCCIÓN

A diario oímos a muchas personas que suelen usar frases como: «Que Dios te lo pague», «Que Dios te bendiga», o «Si Dios quiere». Pero, ¿hay algo que Dios tenga que pagar? ¿Tiene Él que bendecirnos? ¿Y cómo podemos descubrir lo que Él quiere? Además, ¿por qué tratamos con tanta familiaridad a Dios? ¿Es que acaso lo conocemos en verdad? ¿Sabe usted las respuestas a esas preguntas?

De hecho, en la iglesia observamos con frecuencia que algunos cristianos tratan a Dios como si fuera cualquier persona, hasta con cierta irreverencia e irrespeto. Cristianos que dicen adorar a Dios y lo que hacen es usarlo a su antojo. Sin duda vale la pena conocer algo de Dios, a quien invocamos con tanta frecuencia en nuestras expresiones populares. Esta obra, El Dios que adoramos, se escribió para ayudarle a conocer mejor a Dios, lo cual es el mayor anhelo de todo aquel que cree en Jesucristo como Salvador. Por supuesto, esto es solo un vistazo de su gloriosa majestad.

Dios se complace con los adoradores que le adoran en espíritu y en verdad (Juan 4.24). Pero, actualmente hay muchos que con gran sinceridad adoran a dios—en minúsculas—, esto es, un dios «creado a imagen del hombre»; y no conforme a Su revelación en la creación, las Escrituras y en Jesucristo, Dios encarnado.

Gerald Nyenhuis, autor de esta obra, afirma que saber acerca de Dios tiene como fin que podamos conocerlo, o disfrutar de comunión con Él. La adoración y la alabanza representan aspectos de esa comunión (obedecer, honrar serían otros, por ejemplo). Nyenhuis aboga correctamente que «relación, amistad, lazo, compañerismo, unión, vínculo, alabanza, adoración», son palabras relacionadas con nuestra relación y comunión con Dios, y además: son «nociones difíciles de concebir sin el conocimiento de Dios».

El estudio que tiene ante usted le llevará a conocer al Dios que se revela al hombre a través de las Escrituras, y a la vez le permitirá llegar a ser un auténtico adorador del Dios verdadero.

1

EL DIOS CONOCIDO

Una aventura intelectual y espiritual

Nos hemos embarcado en una fascinante aventura. Es, en cierto sentido, una aventura intelectual, ya que tendremos que ejercitar nuestro intelecto. Tendremos que esforzarnos por aprender.

Tendremos que usar nuestra capacidad de razonar, de acumular información y de arreglar los datos en un orden inteligente, asimilándolos en la estructura de nuestro pensamiento. Nos veremos en la necesidad de inducir y deducir, de recurrir a la lógica para llegar a conclusiones válidas.

Pero nuestra empresa no es solamente intelectual; también es espiritual. Se trata no sólo de adquirir información acerca del objeto de nuestro estudio (que en este caso es Dios) sino además de embarcarnos en una actividad que acarreará profundos cambios en nosotros. En verdad es una relación, pues no es posible conocer a Dios sin relacionarse con Él.[1]

¿Será «saber»? ¿O será «conocer»?

Aquí son necesarias algunas aclaraciones. Conocer a Dios es saber algo acerca de Él; pero el saber algo acerca de Dios no es en sí conocerle. Para los fines de este estudio (y tal vez solamente en

1 Nota: El apóstol Pablo afirma que aun los no creyentes conocen a Dios, pero en un sentido limitado: «Pues habiendo conocido a Dios, no le glorificaron como a Dios, ni le dieron gracias, sino que se envanecieron en sus razonamientos, y su necio corazón fue entenebrecido» (Romanos 1.21). En este caso existe la relación Creador-criatura y no la de Padre-hijos que disfrutan aquellos que han creído en Jesús para salvación.

su contexto) tenemos que distinguir entre el saber y el conocer. Ambos conceptos están íntimamente relacionados pero no son idénticos. Aunque para poder relacionarlos es necesario primero diferenciarlos, pues el relacionar dos conceptos implica ya que son distintos. Por ejemplo, uno puede saber los Nombres de Dios (que estudiaremos más adelante) sin conocer a Dios y sin «invocar el nombre de Dios». Es posible memorizar una larga lista de estos nombres y pasar un examen riguroso de los mismos sin conocer a Aquel a quien esos nombres pertenecen. Sin embargo, podemos conocer a Dios por medio de sus nombres, y quizás debamos decir que no es posible conocerlo sin saber sus nombres, por lo menos los principales.

En esta serie de estudios queremos conocer al Dios que adoramos. Nuestro fin es conocerle. Tal es el objetivo de este curso. Y uno de los medios para ello es saber de Él. Queremos saber todo lo que podamos de Dios a fin de conocerle mejor. De modo que nuestro objetivo no es simplemente saber sino conocer. Queremos no sólo hablar de Dios; queremos al mismo tiempo hablar de nuestra condición en relación con Él. El conocimiento de Dios jamás podrá ser meramente académico. El conocimiento de Dios es dado con un propósito, y este propósito es que a través de ese conocimiento tengamos comunión con Él.

La adoración es el resultado de una relación

La adoración es un aspecto de la comunión.[2] Más que un rito, la adoración es una relación. La adoración nos relaciona con Dios. Es obvio que la adoración no es la única relación, mucho menos la totalidad de nuestra relación con Dios. Pero sí es una faceta de nuestro enlace con el Creador. Por medio de la adoración profundizamos esta unión con el Omnipotente. A través de la alabanza experimentamos con gozo nuestra amistad con el Dios de nuestra

2 Nota: La adoración representa la respuesta que la criatura le debe al Creador por el mero hecho de Quien Él es y quienes somos nosotros. Dicha respuesta consiste tanto de alabanza verbal como de disposición, servicio y obediencia.

salvación. El vínculo con el Padre celestial se celebra en adoración, y la alabanza hace más estrechos los lazos de compañerismo.

Relación, amistad, lazo, compañerismo, unión, vínculo, alabanza, adoración: todas estas son nociones difíciles de concebir sin el conocimiento de Dios. Es prácticamente imposible pensar en una relación íntima con lo desconocido, o en una devoción profunda hacia algo de que no tenemos noticia. Podemos estar seguros de que los atenienses no acostumbraban peregrinar hacia el altar dedicado al «dios desconocido». El culto a ese «dios» era más bien una especie de precaución, un anuncio concebido como pretexto para informar a ese supuesto «dios» de que la falta de alabanza y dedicación se debía a desconocimiento y no a malas intenciones. El número de cultos organizados seguramente era cero, ya que adoración y alabanza presuponen conocimiento.

Cuando se pierde el concepto de Dios

Vivimos tiempos en que para muchos Dios no es real. Se ha perdido el sentido de su majestad y su personalidad. En el sentir popular el concepto de Dios es impreciso, vago, abstracto. Ya no estimula el sentimiento de culto y de reverencia. Cuando hablamos de un pensamiento popular no lo hacemos en sentido despectivo, ni nos referimos a la gente de bajo nivel económico. Tenemos en mente a aquellos que ven la televisión y leen los periódicos y las obras de éxito de librería, y aun a los que escriben. El sentir popular incluye el del plomero y el chofer, el agricultor y el policía, el abogado y el ingeniero, juntamente con el maestro y el actor. En lo que toca al concepto de Dios, no hay mucha diferencia entre todos estos. Si alguna hubiere, será entre los que conocen su Biblia y los que no la leen. Cuando se pierde el concepto bíblico de Dios, se pierde también el impulso a la adoración. El conocer a Dios de manera correcta tendrá efectos positivos en nuestra adoración así como en la celebración de nuestros cultos, a la vez que desarrollará una filosofía cristiana de la vida.

¿Cuál será nuestra idea de Dios?

Nada nos caracteriza tanto como lo que tenemos en la mente cuando pensamos en Dios. La idea que tenemos de Dios se refleja en nuestra personalidad, formándola o transformándola. La participación en el culto, la adoración activa, y la alabanza consciente de Dios son las cosas que más sentido dan a la vida a la vez que dirección a la existencia. La idea que tengamos de Dios es muy importante, pero más importante aun es que esa idea corresponda a lo que Dios realmente es.

El pensamiento de nuestro tiempo es antropocéntrico, y solemos poner en primer lugar nuestra salvación y nuestra eterna felicidad.

Pero lo verdaderamente básico en la religión y en nuestro diario vivir es Dios mismo, su naturaleza, y nuestro conocimiento de Él. Si la religión ha de ser verdadera tendrá que ser teocéntrica: una contemplación de Dios, no una contemplación del hombre en sí mismo. Un estudio sobre la respuesta religiosa del ser humano puede tener cierto valor psicológico. Pero el estudio de Aquel a quien respondemos nos dará más sólidos fundamentos para una vida de comunión con Dios.

Dios ha querido revelarse

Podemos adorar a Dios solamente si lo conocemos. Conocemos a Dios porque está en su naturaleza revelarse. Si no fuera por la revelación no tendríamos manera de conocer a Dios. La adoración depende de que nuestros conceptos de Dios correspondan a las pautas dadas en su revelación. De no ser así, lo que adoramos puede ser algo muy diferente de Dios. El hecho de que pensemos que algo es Dios y que lo adoremos como si fuera Dios no es prueba de que lo que adoramos sea verdaderamente Dios. Existe el peligro de que lo que adoramos no sea Dios. A menos que tengamos el conocimiento seguro de Dios, corremos ese riesgo.

Pero por ser un hecho la revelación de Dios, el conocimiento seguro de Dios es posible para el ser humano. De ahí que sea real la posibilidad de adorar al verdadero Dios.

Dios: objeto de nuestra contemplación

La adoración envuelve contemplación. Una parte importante de nuestra adoración es la contemplación de Dios en toda su majestad y esplendor. Pero la contemplación requiere un objeto.

No podemos contemplar (ni adorar) a un dios del que no sepamos nada, del que no tengamos descripción ni concepto. La adoración, para que sea posible, exige que tengamos una idea o concepto del Dios a quien podamos dirigir nuestra atención en contemplación verdadera. El que nuestra idea de Dios corresponda a su ser, tan estrechamente como sea posible, es de suma importancia para la verdadera adoración, pues es indispensable que tengamos algo concreto en mente cuando entramos en contemplación, y este «algo concreto»[3] debe corresponder a la verdadera naturaleza de Dios. Si no es así nos encontramos adorando algo que no es Dios.

Muchas veces la idea correcta de Dios yace sepultada bajo el cascajo de las nociones religiosas convencionales de nuestra cultura. Tenemos ideas de Dios que no tienen ninguna semejanza con la revelación de Dios. Por decirlo de otra manera, si nuestros pensamientos de Dios no corresponden al concepto que Dios tiene de sí mismo,[4] nuestros pensamientos están equivocados y nos encontramos adorando a un ídolo. El pensamiento de Dios sobre sí mismo está disponible para nosotros. Dios habla de sí mismo, se describe. Dios nos dice cómo es Él. Pero es posible que no le escuchemos por estar sintonizados en otra onda.

3 Nota: Tener algo concreto en mente acerca de Jesús no significa que visualicemos alguna imagen, forma o retrato de la apariencia de Él. Más bien es tener un concepto correcto y la comprensión suficiente acerca de la naturaleza y el carácter de Dios. Esto es, saber a Quién nos estamos dirigiendo. Por ejemplo, Su santidad nos motiva a confesar nuestros pecados y cambiar nuestro comportamiento. Su omnipotencia nos da confianza en nuestras peticiones. Su amor nos provee un modelo para nuestras relaciones con los demás.

4 Nota: Si nuestros pensamientos de Dios no corresponden a cómo Él es y se revela, estamos equivocados y nos encontramos adorando a un ídolo. La revelación de Dios acerca de cómo Él es está disponible para nosotros.

¿De qué depende nuestra real adoración?

La adoración, entonces, depende de la realidad de la revelación. La revelación de Dios tiene que ser «autorrevelación» ya que nadie puede descubrir a Dios por sus propios métodos. Dios mismo es quien se descubre. Si no lo hace no estaría disponible para nuestro conocimiento. Un dios concebido en las sombras del corazón depravado del hombre pecador seguramente será la imagen y semejanza de este ser perverso y tendrá muy poca semejanza con el Dios verdadero.[5] Lo que Dios mismo comunica sobre su Ser al hombre y pone en lenguaje humano para que este lo pueda comprender hace posible nuestra adoración. Es la base de nuestro conocimiento de Dios. Así pues, sin revelación (o mejor, sin autorrevelación) no puede haber genuina adoración.

Hemos de tener mucho cuidado no sea que, en el orgullo característico del pecado, aceptemos una noción errónea de Dios o pensemos que sólo si nos arrodillamos ante una imagen, estatua, u otra representación somos culpables de idolatría. La idolatría no consiste solamente en inclinarse ante objetos de ese tipo, lo que ninguna gente civilizada haría. Más bien la esencia de la idolatría consiste en mantener ideas acerca de Dios que no sean dignas de Él. Asimismo, el contemplar nociones de Dios que no se deriven de esa misma autorrevelación de Dios es también idolatría, en una forma sutil pero quizás más peligrosa que la adoración de objetos físicos como representaciones de Dios. La idolatría nace en la mente, en la ignorancia, en el error, y en no tomar como base el conocimiento de Dios que Él mismo nos comunica por medio de su palabra.

5 Nota: Referimos al lector al capítulo 3, «Preguntas acerca de otros dioses», páginas 43-70 del libro *Apologética*, de Norman Geisler y Ron Brooks, a fin de conocer algunos de los falsos conceptos que el hombre ha concebido.

Dios e imágenes de Él

Permítaseme responder aquí de paso a un comentario que se oye a menudo en nuestra cultura. Se trata de justificar el uso de representaciones de Dios y otras imágenes en la adoración y en el culto haciendo referencia al arca del pacto en el Antiguo Testamento y al hecho de que encima de ella estaban los querubines.

Tenemos que recordar que el arca del pacto, como el pacto mismo, simbolizaba la relación de Dios con su pueblo pero jamás representaba a Dios mismo. No se rendía culto al arca ni a los querubines, pues estaban en el lugar santísimo, donde entraba sólo el sumo sacerdote y únicamente una vez al año. El lugar santísimo simbolizaba para el pueblo la presencia de Dios con ellos, y el tabernáculo [más tarde el templo] en su totalidad revelaba la gracia de Dios hacia su pueblo y tipificaba la realización de la salvación en la obra del Mesías prometido. Lo que era objeto de adoración era el Dios conocido por medio de esta revelación.

¿Sabes de veras cómo es Dios?

La pregunta más importante que el ser humano puede hacer es ¿cómo es Dios? Y aun más importante es tener la respuesta correcta. Si un número de los creyentes —de los que se llaman «cristianos»— no tienen un conocimiento verdadero de Dios, el cristianismo donde prevalezca esta ignorancia no durará pues la herejía ocupará su lugar. La obligación más solemne que tiene la iglesia es la de purificar y elevar su concepto de Dios hasta que este sea de veras digno de Él. Solamente así podrá entregarse a la verdadera adoración. El mejor servicio que podemos prestarle a las generaciones venideras (nuestros propios hijos) es esforzarnos en aprender lo que la autorrevelación de Dios nos enseña y transmitirles este conocimiento.

Esto es parte de la verdadera evangelización y la verdadera adoración.

2
PARA CONOCER AL INCOMPRENSIBLE

Lectura bíblica: Juan 14:1-14

Dios no es un «objeto» que podamos conocer mediante mera observación. Dios no se presta a una investigación, sea racional o empírica. Es Dios el que sale al encuentro del hombre para revelarse (y revelarlo, aunque este no es nuestro tema ahora).

Uno de los amigos de Job, Zofar naamatita, da expresión poética a la frustración del hombre que quiere conocer a Dios por sus propios esfuerzos (Job 11.7-12) y sentimos la fuerza de su expresión. Sin embargo, también nuestra experiencia confirma lo que Pablo escribe en su Carta a los Romanos (l.7-12), que tampoco podemos escapar de tener un conocimiento de Dios. Dios, pues, se conoce por todo lo que ha hecho. Estamos así ante una paradoja: la de conocer al Incomprensible.[1]

La pregunta del niño, ¿Cómo es Dios?, no tiene respuesta posible. Dios no es algo que podamos conocer por percepción o razonamiento. No es simplemente más grande que lo más grande que hayamos visto. Tampoco es como un teorema, axioma, o silogismo, ni como una figura geométrica. Dios es como Dios, y no es como ninguna otra cosa.

1 Nota: Sugerimos que el alumno lea «El Dios verdadero», pp. 99-107, en *Los fundamentos de la fe cristiana* por James Montgomery Boice. También los capítulos 1—3 de *Hacia el conocimiento de Dios* por J.I. Packer y «La incomprensibilidad de Dios», pp. 33-35 de R.C. Sproul, *Las grandes doctrinas de la Biblia.*

No obstante, existe en la creación testimonio claro de Dios. La creación, en su totalidad y en cada una de sus partes, nos remite a Él. Pero esto no quiere decir que Dios sea como su creación o como un aspecto de la misma. Más bien la creación es como un puente que nos permite pasar hacia lo desconocido. Ni es Dios algo que podamos imaginar. Nuestra imaginación no puede concebir ni fabricar a Dios. A lo sumo, la imaginación es útil en la búsqueda del conocimiento de Dios. No es posible para la mente humana pasar de inmediato a lo desconocido. Ni aun la más aventajada, atrevida, o vigorosa puede crear algo totalmente nuevo y diferente en un acto espontáneo de la imaginación.

Tampoco puede la mente por sus propios poderes conocer lo totalmente diferente. Ni aun los seres raros que pueblan el mundo de la mitología y la superstición son creaciones puras de la imaginación. Son más bien extensiones de los seres creados. Aunque exageradas sus formas familiares más allá de sus límites normales y mezcladas las diferentes formas hasta dar la impresión de haber sido creados como algo nuevo, en realidad no lo son. Por complicados y bellos o grotescos que aparezcan estos seres, sus prototipos pueden ser identificados, y estos prototipos no son Dios sino algo que ya conocemos.

Repetimos, aunque la creación no es Dios, ni siquiera es como Dios, la creación remite a Dios y da testimonio de Él. Tampoco puede la creación por sí misma llegar a un conocimiento de Dios, no obstante lo cual es útil para el conocimiento de Dios. Las Escrituras, la autorrevelación de Dios, provienen de un Dios que está por encima de la naturaleza (la creación), pero están escritas en términos de la creación para mentes que son parte de la creación y en las categorías de estas mentes. Las Escrituras emplean palabras y expresiones que hacen uso de semejanzas para proyectar el pensamiento humano más allá del horizonte normal de sus conocimientos. El esfuerzo de hombres inspirados para expresar lo inefable ha dejado su marca en el pensamiento y en el lenguaje de las Escrituras. Este lenguaje se ha estirado hasta el extremo, por decirlo así, a fin de que, por medio de la creación y sus formas, sea capaz de hacernos comprensible la autorrevelación de Dios. Para pensar bien es necesario saber hacer distinciones, y ahora tenemos que hacer una. Pero las distinciones siempre conllevan definiciones. Si distinguimos una cosa de otra debemos saber cuáles son las cosas que distinguimos. Queremos hacer una distinción entre «incomprensibilidad» e «incognoscibilidad», y para ello tenemos que definir estos dos términos.

La idea bíblica de la «incomprensibilidad» de Dios contradice las nociones especulativas de mucha filosofía actual que afirma también que Dios es incognoscible. La incomprensibilidad no es un atributo de Dios, como si la palabra afirmara algo sobre la esencia de Dios. El término se refiere más bien a los límites de nuestra comprensión; nos describe a nosotros, no a Dios. Nuestro aparato conceptual, limitado por ser nosotros criatura y estropeado por el pecado, es incapaz de abarcar en sus operaciones toda la esencia de Dios. Pero no debemos pensar que esta situación sea una descripción de la naturaleza de Dios.

Dios, desde luego, es perfectamente comprensible para sí mismo. Dios no es un misterio para su propia sabiduría, ni le falta entendimiento de su propio ser. Dios se conoce a sí mismo exhaustivamente. Por cierto, no hay contradicción en decir que Dios es incomprensible para el ser humano al tiempo que es totalmente comprendido por sí mismo. Cuando hablamos de «incomprensibilidad» queremos aseverar con ello que nuestro conocimiento de Dios se limita (1) a lo que Él revela y (2) a nuestra capacidad de comprensión. Ni nuestro conocimiento de Dios (o de cualquiera otra cosa) es completo ni nuestra facultad de entender es cabal.

No obstante, podemos tener conocimiento de Dios. En términos de lo expuesto anteriormente, podemos conocer a Dios sin saberlo todo acerca de Él. Dicho de otro modo, podemos saber algo de Dios sin conocerle. El fundamento de nuestro conocimiento de Dios es su propio ser y su perfecto conocimiento de su ser. Nuestro conocimiento de Dios es una consecuencia del hecho de que Dios se conoce a sí mismo. Debido a que Él es conocido perfecta y exhaustivamente por sí mismo, nosotros por su autorrevelación podemos conocerle también.

Hablamos de nuestro conocimiento de Dios no como una posibilidad abstracta. No tenemos que recurrir a la especulación metafísica para defender la posibilidad del conocimiento de Dios. Por medio de la revelación Dios se «hace real» y concreta la posibilidad de conocerle. La especie humana fue creada para el conocimiento y servicio de Dios. Jesús dice que conocerle es la esencia de la vida eterna (Juan 17.3). Aunque no podemos conocer a Dios exhaustivamente, sí lo podemos conocer verdadera y adecuadamente. Aunque por razón de nuestra finitud y pecaminosidad no podemos conocerlo, como criaturas divinamente creadas y destinadas por Dios para conocerle, sí podemos tener conocimiento de Él.

Aunque las vías de nuestro entendimiento —sólo por las cuales podemos conocer a Dios— se hallan en la actualidad trastornadas por el pecado, las mismas fueron dadas al hombre para proporcionarle un conocimiento verdadero de Dios.

Tanto la filosofía como la teología modernas han ofrecido exposiciones sobre la naturaleza de Dios que no pueden ser recibidas como genuinas y por lo tanto no son de confiar. Nos presentan a un Dios que no puede ser objeto de adoración. El pensamiento secular es más bien un ataque al concepto bíblico de Dios y un intento de reemplazar este concepto con otro más aceptable para la mente moderna. Pero cualquier pensamiento que no empiece con el autoconocimiento y la autorrevelación de Dios, y que no tome esto como normativo, será más bien una expresión del orgullo humano y tendrá poca relación con la naturaleza de Dios. Esto no quiere decir, sin embargo, que no podamos conocer a Dios; lo que quiere decir es que podemos conocerle solamente si Él se conoce a sí mismo y si se ha revelado.

Se ha dicho que la «realidad definitiva» no es accesible a la razón. Se arguye que dicha realidad está más allá de los procesos intelectuales y que lo más que podemos hacer es intentar interpretar nuestras experiencias, las que identificamos (con o sin razón) como experiencias de lo divino. No hay seguridad alguna de que estas experiencias correspondan a algo; pero no se pueden negar las experiencias mismas. En este caso Dios es no solamente incomprensible sino también incognoscible y, desde luego, no puede ser objeto de nuestra adoración.

La racionalidad de nuestro conocimiento del Dios que adoramos sigue de la racionalidad de Dios. Nuestro conocimiento de Dios no es «suprarracional» ni «subracional», ni «prerracional», ni «irracional». Si así fuera, sería totalmente incomunicable, y el único culto posible sería alguna forma de perverso misticismo. Nuestras ideas de Dios tienen que brotar de la divina autorrevelación y no de algún sentimiento devocional que nos lleve más allá de la razón.

Si la adoración implica, en algún sentido, la contemplación de Dios, este contemplar a Dios tiene que ser diferente del mirarse una persona en el espejo. Corremos el peligro del fariseo de Lucas 18, que «oraba consigo mismo». La adoración tiene que ser algo más que autoadulación. Pero esto no quiere decir que un conocimiento de nosotros mismos no venga al caso. En su famosa obra Institución de la religión cristiana, Juan Calvino inicia su tema diciendo que el conocimiento de Dios y el conocimiento del hombre están íntimamente relacionados; no se da el uno sin el otro. La enseñanza bíblica de la imagen de Dios en el hombre confirma este juicio. Si lo que la Biblia dice en cuanto al hombre creado a la imagen de Dios es cierto (y no nos debe quedar ninguna duda de que lo es), no podemos entonces negar que hay semejanza entre

Dios y el ser humano. No podemos decir, como algunos teólogos no hace mucho, que Dios es totalmente otro y diferente. Aunque Dios es infinito y el hombre finito, aunque Dios es creador y el hombre creado, aunque Dios es luz y el hombre es ciego por causa de su pecado, tienen que haber algunos puntos de semejanza creados por el mismo Dios para comunicar su autoconocimiento al ser humano.

Es cierto que Dios es único. Y no solamente es único: tampoco puede ser subordinado a ninguna categoría. No hay ninguna categoría de ser que Dios comparta con otros seres. Pero esto no quiere decir que sea imposible tener un concepto racional de Dios así como hacer afirmaciones sobre su esencia y naturaleza. Y, además, no quiere decir que no podamos formular proposiciones sobre la naturaleza de Dios que pueden ser verdaderas o falsas. Todo lo contrario, nuestras afirmaciones sobre Dios pueden ser verdaderas (o falsas) porque tienen un contenido intelectual. Entendemos lo que afirmamos y esperamos que quienes nos oigan también nos entiendan. Habrá manera de saber si lo que decimos es lógico o no, y habrá normas para comparar el contenido de las afirmaciones con el de otras proposiciones a fin de que podamos formar un juicio en cuanto a ellas.

Lo que hace que Dios sea cognoscible (aunque en cuanto a la capacidad humana incomprensible) es el hecho de que la revelación de la Biblia está en forma de lenguaje y pensamiento humanos. Está en forma proposicional (afirmaciones y declaraciones que podemos entender), si bien sabemos que con esto no alcanzamos un cabal entendimiento de lo que Dios es. La plenitud de su ser se nos escapará siempre; pero con todo ello, lo que de Él sabemos es conocimiento confiable. Sin embargo, las representaciones bíblicas de Dios, ajustadas a las facultades finitas del ser humano, proveen a la conciencia de verdades que adecuadamente retratan al Creador.

La autorrevelación de Dios es de una naturaleza lógicamente consecuente. Y así tiene que ser si hemos de conocer a Dios y su voluntad respecto a nosotros. Hemos de entender a través de palabras y conceptos humanos, los cuales tienen que relacionarse de manera lógica. Sin duda un espíritu personal puede relacionarse con otros seres de la manera que quiera por diferentes que estas maneras sean en pensamientos y conceptos. Pero si el hombre ha de entender estas verdades, las mismas tienen que estar en forma inteligente.

El que a Dios se le puede conocer, el que la revelación sobre Él es racionalmente dada para ser racionalmente entendida, el que se puede formular el conocimiento en proposiciones aptas para ser racionalmente comunicadas, son supuestos básicos de la revelación bíblica, uno de cuyos propósitos fundamentales es el de darnos conocimiento de Dios.

3

EL DIOS CREADOR

Lectura bíblica: Génesis 1

El Dios que adoramos es Dios el creador. La creación no solamente explica el origen de las cosas; más bien nos habla de Dios, nos dice quién es y cuál es su relación con nosotros. Ahora no nos preocupa tanto (en este estudio) hablar del origen del mundo y de todo lo que en Él hay, como conocer al Dios que adoramos. Si hemos de conocerle, tenemos que conocerle como creador, porque si no lo conocemos así, no lo conocemos. Si podemos concebir a un dios de una manera diferente, y no como creador, sería otro dios, diferente del que conocemos, y no el Dios que se nos presenta en la Biblia.[1]

Además, a Él lo tenemos que adorar como al Dios creador. La creación figura en nuestra adoración. La primera parte del Salmo 19 es prueba de ello. Le alabamos recontándole las grandezas de su destreza creativa. Vemos no solamente las cosas creadas sino la mano de Dios y su personalidad en ellas. En este punto de nuestro estudio volvemos la vista a las obras para conocer al Dios que las hizo y para adorarlo como se le debe adorar.

1 Nota: Sugerimos que el alumno lea «El Dios verdadero», pp. 99-107 de *Los fundamentos de la fe cristiana* por James Montgomery Boice. También los capítulos 1—3 de *Hacia el conocimiento de Dios*, por J.I. Packer y «La incomprensibilidad de Dios», pp. 33-35 de R.C. Sproul, *Las grandes doctrinas de la Biblia*.

Razones para estudiar la creación como parte de la doctrina de Dios

La primera de varias razones para estudiar la creación como parte de la doctrina de Dios se encuentra en el hecho de que la Biblia misma hace énfasis en ella. Lo vemos en la primera oración gramatical de la Biblia y en la doctrina que enseña. La Biblia empieza con la doctrina de la creación. Dios estima tanto su acto de creación que es lo primero que pone en su libro. En su comunicación a la humanidad es lo primero que menciona. Obviamente Dios piensa que la doctrina de la creación es importante para nosotros, ya que la Biblia fue escrita para nosotros y nos narra lo que debemos saber. En el prólogo del Evangelio de Juan, y, en muchos otros textos del Nuevo Testamento, Jesús, el mediador, es identificado como activo en la creación.

Una segunda razón para estudiar la creación en relación con la doctrina de Dios es que siempre ha sido un elemento importante en el pensamiento y en la predicación y enseñanza de la iglesia. Los cristianos, a través de la historia, han hecho de esta doctrina una parte esencial de su pensamiento: la creación es un elemento esencial en una cosmovisión cristiana. El Credo de los Apóstoles es prueba de ello, ya que parte de su primera afirmación tiene que ver con la identificación de Dios como el creador.

En tercer lugar, podemos decir que un entendimiento de la doctrina de Dios creador es esencial para entender correctamente muchas otras doctrinas de la Biblia. La doctrina del hombre, por ejemplo, depende de la doctrina de Dios creador. Para entender lo que el hombre es, tenemos que saber que es un ser creado, que no emanó de Dios como una extensión de él, sino distinto de Dios, como un ser aparte aunque creado. La doctrina de la Providencia, también, depende de la doctrina de Dios creador. Aun nuestra doctrina de la salvación y la realidad de la cruz está relacionada con la doctrina del Dios creador. La doctrina de la vida venidera también depende del correcto entendimiento de la doctrina de Dios.

De la misma manera, una cuarta razón para estudiar la doctrina bíblica de la creación es que nos ayuda a distinguir el cristianismo de otras religiones y filosofías. Otra manera para decir lo mismo, pero con más énfasis, es que esta doctrina —la del Dios creador— nos ayuda a distinguir al Dios verdadero de los otros dioses. Algunas personas pudieran pensar que hay cierta semejanza entre el budismo o el hinduismo y el cristianismo, pero al considerar la doctrina del Dios creador sabrán que la semejanza que piensan observar es un engaño. La doctrina del Dios creador es, en gran parte, lo que hace al cristianismo ser lo que es; es uno de sus aspectos mayores.

Una quinta razón para estudiar la creación en relación con el estudio de la naturaleza de Dios es que esta doctrina nos ayuda a entender la correcta relación entre el cristianismo y las ciencias, sobre todo las ciencias naturales. El mundo incrédulo ha puesto como artículo de fe de su cosmovisión las distintas hipótesis y teorías de la evolución. El cristianismo ha resistido esto, insistiendo que no hay procesos independientes de Dios que pudieran ser igualmente absolutos con Él. El cristianismo más bien insiste en que toda la naturaleza es creación de Dios, obedece sus leyes y cumple con sus propósitos. No nos corresponde a nosotros determinar aquí cual es la mejor expresión de la relación de las doctrinas de la Biblia y las ciencias, pero sí nos conviene notar que la doctrina del Dios creador tiene mucho que ver con ello.

Un profundo estudio de esta doctrina, en sexto lugar, promoverá una unidad cristiana en el desarrollo de una cosmovisión cristiana. Un estudio cuidadoso de lo que la Biblia enseña sobre la creación nos unificaría en un solo enfoque para presentar una filosofía cristiana al mundo. Algunas de las disputas internas del cristianismo tienen que ver con puntos de vista que toman la materia como absoluta y coeterna con Dios. Los cristianos que no han estudiado la doctrina de Dios creador fácilmente se dejan llevar por algunos enfoques materialistas y se ponen en contradicción con otros cristianos. Conocer al Dios único y verdadero, como el Dios creador, protegerá al creyente contra estos conceptos y promoverá unidad entre los cristianos. El conocimiento de Dios, o sea, conocerle tal como se ha revelado a nosotros, es un elemento importante en la unidad cristiana. Si no tenemos la conciencia de conocerle como el Dios creador, los puntos de divergencia entre los cristianos pueden ser más numerosos.

Elementos de la doctrina de Dios creador

Tenemos que iniciar nuestro estudio de Dios creador notando que Él es la fuente única y absoluta de todo lo que existe. Si no fuera por el uso del término «nada» en la filosofía actual, en que se habla de la «nada» como si fuese «algo», pudiéramos decir que Dios creó todo de la nada. Pero, hoy en día comunicamos mejor si evitamos la palabra «nada». Decimos, entonces, que Dios hizo todo sin que hubiera alguna otra cosa preexistente. Dios no necesitó materia ni materiales para hacer el mundo. Ni necesitó una idea previa, pues la misma idea del universo es el mundo.

La obra creadora de Dios es directa e inmediata. Dios no necesitó instrumentos ni colaboradores. Ni le fue necesario el tiempo para hacerlo, ya que el tiempo es una dimensión de la creación y no puede ser previo a la creación. El tiempo existe como un aspecto de lo creado, y es en sí creado. Al crear Dios llamó a existir lo que no existía. Su palabra poderosa (la Biblia usa las dos expresiones: «palabra de su poder» y «poder de su palabra») fue el único medio. No modeló meramente ni adaptó algo que ya existía; más bien hizo existir la existencia.

La palabra hebrea bara (crear) se usa en el Antiguo Testamento alrededor de cincuenta veces, pero nunca se emplea en relación con una actividad del hombre. Se refiere a la actividad de la que únicamente Dios es capaz: crear o causar la existencia. La palabra griega ktizoo tiene usos y acepciones iguales. El diccionario la define como «el acto básico, intelectual y volitivo, por lo cual algo llega a existir». La doctrina que afirmamos aquí, tanto como la expresión que usamos, vienen del Nuevo Testamento. En Romanos 4.17 leemos que Dios llama las cosas que no son «como si fuesen» (en la versión Reina-Valera 1960), llama a las cosas que no son «para que sean» (Biblia de Jerusalén), «llama a la existencia a lo que no existe» (Nueva Biblia Española). La expresión clásica de esta doctrina es la «creación ex nihilo».

Aunque, sin lugar a dudas, la doctrina de Dios creador es suficiente para explicar la existencia de todo el mundo, este no es el aspecto más importante de la doctrina. No solamente el mundo es creado por Dios, más aun está constante y permanentemente relacionado con Dios por virtud de su creación. La doctrina de Dios creador es más una relación que una explicación. Al confesar esta doctrina, nos confesamos criaturas suyas, y afirmamos a la vez que todo lo que hay es de Él. Hablando de Dios decimos entonces que Él es el dueño de todo.

La creación es obra del Dios trino. Un gran número de textos, especialmente en el Antiguo Testamento, alude a Dios como el creador, más bien que al Padre, al Hijo y al Espíritu Santo. Pero también, especialmente en el Nuevo Testamento, hallamos que cada una de las tres personas de la Trinidad estuvieron activas en la creación[2] (nótense, por ejemplo, la claridad con que el Hijo es presentado como creador en Juan 1.3; 1 Corintios 8.6 y Hebreos 1.2,10). El Espíritu Santo es presentado como creador en Génesis 1.2; Job 26.13; 33.4; Salmo 104.30 e Isaías 40.12,13. Si adoramos el Dios trino, tenemos que adorar a Dios como creador; si adoramos al Dios creador, lo tenemos que adorar como trino.

Dios, desde luego, no tenía ninguna obligación de crear. Pero lo hizo por sus propias razones. Tuvo un propósito en llevar a existir

2 Nota: Apocalipsis 4.11 habla del Padre como Creador.

todas las cosas. Y, lo que es más, nos lo reveló. La creación cumple con ese propósito, y la única manera de conocer la verdadera naturaleza de la realidad es saber el propósito por el cual fue creada. De la misma manera que conocemos las cosas ligándolas con su propósito, aunque sean los cubiertos de una mesa, logramos un entendimiento de la creación si tenemos una idea de su propósito.

La creación de Dios llegó a existir para la gloria de Dios. Ella, en su totalidad, glorifica a Dios cumpliendo con su voluntad. Aun las criaturas rebeldes, a la larga, tendrán que cumplir con los propósitos de Dios y, de esta manera, glorificar a Dios. Toda la creación glorifica a Dios cumpliendo con su voluntad, aunque algunas de sus criaturas lo hagan en contra de su propia voluntad, o, mejor dicho, a pesar de su propia voluntad; los ángeles caídos, por ejemplo.

La historia de Jonás es ejemplo de esta verdad. Todo contribuyó a la predicación del evangelio en Nínive: los marineros, la tormenta, la nave, el gran pez, y aun (a la larga) Jonás, a pesar de sí mismo. Vemos aquí que la providencia (como doctrina) está muy relacionada con la doctrina de Dios creador e implícita en ella. Los propósitos de la creación y su realización explican la providencia de Dios.

Cada parte de la creación de Dios cumple con su voluntad de acuerdo con su naturaleza creada. La creación inanimada cumple con la voluntad de Dios, y lo glorifica, automática o mecánicamente. El mundo animado lo hace por instinto, respondiendo a los impulsos y respuestas de su naturaleza. Solo los ángeles y seres humanos pueden cooperar voluntariamente, obedeciendo la expresa voluntad de Dios para glorificarlo en forma consciente. Es el que puede glorificar más plenamente.

El ser humano tiene la obligación de estudiar la creación, entenderla y manejarla en sus intentos de glorificar a Dios como una expresión de realizar el propósito por el cual fue creado. Ver a Dios en su creación y adorarle, alabándole por medio de ella, es el deber de toda criatura creada a la imagen de Él.

4

ATRIBUTO: ALGO QUE SE CONOCE DE DIOS

Lectura bíblica: Salmos 135 y 145

Si conocemos a Dios y sabemos algo acerca de Él, necesariamente tenemos que expresar lo que sabemos, es decir, hacer alguna afirmación sobre la naturaleza de Dios. El conocimiento no es conocimiento si no sabemos lo que conocemos. Si sabemos lo que conocemos, entonces lo podemos expresar, por lo menos a nosotros mismos. Aun la reflexión interior se lleva a cabo por medio de afirmaciones que hacemos y entendemos.

La adoración, como todo lenguaje de amor, consiste en gran parte en repetir, en tono de alabanza, las características de la persona que amamos. Los novios se alaban hablando de los ojos, de la sonrisa, del cabello, etc.; todas estas cosas son características que distinguen a la persona. Pero es necesario que las características sean verdaderas. Si el novio dice que adora los ojos azules de su novia y ella le aclara que son pardos (y lo son), la impresión dejada no es positiva. Si ella alaba su dulce voz de tenor y él la corrige diciendo que canta bajo, la comunicación pierde profundidad. La Biblia usa la metáfora de los novios para ilustrar nuestra relación con Dios, y esto implica que el lenguaje de la adoración es como el lenguaje de los novios. Cuando adoramos a Dios le alabamos por quien es Él (cómo se expresa en sus atributos) y por lo que hace. Esto lo vemos en los Salmos.

Si vamos a adorar a Dios y a alabarlo como parte del culto que le rendimos y como expresión de nuestra relación con Él, es necesario que tengamos un buen conocimiento de Él, expresado como afirmaciones de sus atributos. Un atributo es algo que se conoce de Dios, algo que podemos afirmar acerca de la naturaleza de Dios. Es algo que podemos sostener como verdadero acerca de Dios.

Igual que el novio, tenemos que tener mucho cuidado de que lo que decimos sea verdadero. Si afirmamos algo como la verdad sobre Dios y lo alabamos por ello, nos conviene que de veras sea cierto. Además de su importancia para conocer a Dios y para rendirle culto, el conocimiento de Dios es indispensable para comunicar a nuestros prójimos la verdad sobre Dios en nuestros esfuerzos evangelísticos.

El estudio de los atributos de Dios, lejos de ser pesado y aburrido, es para el creyente un ejercicio espiritual de intenso placer y solemne gozo. El poder decir con alguna certeza cómo es Dios, entendiendo lo que afirmamos, llena el corazón del cristiano de un profundo contentamiento. Sería difícil pensar en un ejercicio de más deleite para el alma redimida. Es aun más deleitoso que meditar en sus características. (He aquí algo de la importancia del libro Cantar de los cantares.)

Aunque no sea necesario, nos puede ser útil volver a la definición que hemos dado de la palabra «atributo». No empleamos esta palabra en su sentido filosófico, ni aun en el sentido estricto de la teología. La empleamos aquí para referirnos a todo lo que se puede afirmar de Dios. En este estudio, un «atributo de Dios» es todo lo que Dios ha revelado en su Palabra como características verdaderas de Él y lo que podemos entender y reproducir en nuestro lenguaje.

Algunos teólogos se han preocupado por el número de los atributos de Dios y han llegado a distintas conclusiones. Unos han insistido en que son siete; pero un himnólogo cantó al «Dios de los mil atributos». No creo que podamos enumerarlos, ni que debamos intentar hacerlo. Para el conocimiento y la adoración el número no es importante. Sí es importante saber el mayor número posible y hacer de los mismos el objeto de nuestra meditación.

El atributo, tal como lo hemos definido, es un concepto mental. Es una respuesta intelectual a la autorrevelación de Dios. El atributo no es sólo algo verdadero de Dios; es también algo que nosotros los creyentes podemos concebir como verdadero de Dios. Es una respuesta a una pregunta: la pregunta que hacemos a la Palabra de Dios sobre cómo será la naturaleza de Dios.

Si podemos afirmar que Dios es de cierta naturaleza, ¿cómo nos afecta esto? ¿Cómo esperamos que Dios actúe hacia nosotros y hacia todo el resto de la creación? Estas preguntas no nacen de una curiosidad académica en busca de erudición. Son más bien preguntas que tocan al meollo del espíritu humano, cuyas respuestas dejan huella en la personalidad y en todas las actividades humanas. Además, estas respuestas tendrán gran efecto en la manera en que nos relacionemos con Dios, así como en el culto o el servicio de cada día. Ellas regularán nuestra vida familiar y nuestra conducta en el campo de los negocios. El conocimiento de cómo es Dios y cómo actúa determinará nuestra actitud para acercarnos a Él y nos permitirá disfrutar de su presencia en cada aspecto de nuestras vidas.

El Dios nuestro no es un Dios en abstracto o en lo general. Es, por el contrario, Dios específica y particularmente real. Las Escrituras jamás hablan de su naturaleza en abstracto; hablan siempre de un Dios concretamente conocido por sus atributos. Por medio de estos sabemos verdades concretas acerca de Dios. Estas verdades concretas son prueba de que Dios no lo es en general sino que es como es, diferente de todo lo demás que se pudiera llamar Dios. Y este Dios, conocido por los atributos que podemos afirmar acerca de su ser, entra en relación personal con su pueblo. Esto es importante porque no se puede entrar en relación personal con una abstracción. O Dios es real, se conoce por medio de sus atributos, o no podemos adorarlo ni rendirle culto. No podemos confiar en su misericordia si no tenemos noción de que esta nace de sus atributos. Ni podemos disfrutar de su amor si no podemos afirmar con certeza que Dios es amor. No podemos darle gracias por su sabiduría o por su poder si no sabemos nada de estos atributos. No podemos entender nuestra salvación si no sabemos de su justicia y de su gracia. Tendríamos serias preocupaciones sobre el porvenir si no pudiéramos afirmar la eternidad de Dios. Solo porque Dios nos comunica información acerca de sí mismo, tal como los profetas y los apóstoles afirman, tenemos una base confiable para aumentar nuestra fe con la exposición de sus atributos y entrar en una relación personal con Él en el culto y la adoración.

Cuando hablamos de las virtudes divinas no importa mucho si las llamamos atributos o perfecciones. Hay teólogos que prefieren el término «perfecciones». El vocablo «perfecciones», en relación con lo que podemos postular como verdadero acerca de Dios, hace resaltar un aspecto importante de lo que afirmamos: las virtudes de Dios no son limitadas ni incompletas o fallidas. Sin embargo, al tiempo que afirmamos que todos los atributos de Dios son perfecciones, preferimos el término «atributo» porque el mismo pone énfasis en el hecho de que al afirmarlo estamos diciendo algo concreto y verdadero sobre Dios. De tal manera pertenecen estos atributos al Ser de Dios que sin ellos la esencia divina sería un nombre hueco, vacío de realidad y sentido; y sin su manifestación en los atributos, nos resultaría imposible conocer el Ser de Dios.

Cualquier intento de enumerar y clasificar los atributos de Dios tendrá que cumplir dos requisitos. En primer lugar, tiene que reconocer la independencia de Dios del mundo creado. Dios de ninguna manera depende de su creación ni es parte de ella. La afirmación que hagamos de Dios tendrá que mostrar que el atributo no es simplemente una característica humana escrita con mayúscula y que Dios no es tampoco un caso particular del Ser en general. En segundo lugar, nuestro intento de enumerar o clasificar los atributos de Dios tiene que mostrar la relación de Dios con su creación de tal manera que haga accesibles estas verdades a la experiencia humana y asegure que nuestro conocimiento de Dios corresponde a como Él realmente es. Estos dos requisitos, lejos de ser contradictorios son complementarios.

Tal como hemos afirmado, el número exacto de los atributos no es importante. Si no fijamos un número como límite de lo que podemos afirmar a base de la autorrevelación de Dios registrada en la Biblia, y si no decimos que por no saber de los 4367 atributos (conociendo solamente doce) no conocemos a Dios, el número es relativo a las clasificaciones que usemos. Lo que es de más importancia para nosotros es la manera de clasificarlos, pues la clasificación en sí afectará no solamente el número de atributos sino también la manera de entenderlos.

Ha habido muchos intentos de clasificar los atributos de Dios. (La clasificación misma ya es una afirmación relativa a los atributos y, por ello, una afirmación sobre Dios.) Casi todos los intentos tienen algún valor, con la excepción de un método que ha encontrado favor en varias épocas de la historia de la Iglesia, especialmente en la escolástica de la edad media. Este método clasifica los atributos entre «positivos» y «negativos». A primera vista parece útil debido a que Dios no es hombre. Pero hemos de recordar que el hecho en sí de «no ser hombre» no lo convierte en Dios. Dividir la naturaleza de Dios entre lo que es conocido y lo que no lo es tiene el efecto de hacer que ser desconocido sea un atributo de Dios.

Tenemos que recordar que los atributos son intentos nuestros de reproducir las características de Dios reveladas en la Biblia. Por eso son parciales: ninguno de ellos revela toda la verdad de Dios. Los atributos forman entre sí una unidad de conocimiento. Por ejemplo, la justicia de Dios es sabia, y su sabiduría es justa, al tiempo que su justicia y su sabiduría son eternas, etc. Ningún atributo es absoluto en el sentido de no estar relacionados con los otros.

Esto hace que el intento de clasificar los atributos entre intelectuales y morales, por ejemplo, no sirva (aunque si nos da alguna información sobre ellos). Ha habido otras clasificaciones que ayudan al entendimiento pero que no perciben correctamente la unidad de todos los atributos. Lo mismo podemos decir de la clasificación que los separa entre ónticos (¿qué es Dios?: uno, espiritual, infinito); operativos (¿qué hace Dios?: piensa, puede, quiere, etc); y morales (¿cómo obra Dios?: con bondad, santidad, justicia, etc.). Lo que se afirma de Dios dentro de esta clasificación no está necesariamente equivocado, pero no trata con justicia la interrelación de los atributos. Otra clasificación casi igual es aquella entre atributos metafísicos (de su ser), psicológicos (de su intimidad), y éticos (de su conducta).

La clasificación que se ha empleado en la iglesia —por lo menos desde el tiempo de la Reforma del siglo XVI— es la que se refiere a los atributos como comunicables e incomunicables. Los incomunicables son las afirmaciones que podemos hacer solamente de Dios. Son atributos que nunca caracterizan a la humanidad. Los comunicables son aquellos que se pueden aplicar también con relación al ser humano como eco o reflejo de tales virtudes de Dios. Él, por así decirlo, comparte con el ser humano, hecho a su imagen y semejanza, algunas de sus características. En esto, en parte, consiste la imagen de Dios en el hombre.

En la lección siguiente haremos una breve exposición de cada una de estas características que llamamos atributos. Por ahora haremos solamente una lista de ellos. Los incomunicables son: la aseidad o independencia de Dios, su autoexistencia; la inmutabilidad; la infinitud de Dios; y la simplicidad de Dios. Los comunicables son: conocimiento, sabiduría, bondad, amor (gracia, misericordia, longanimidad), santidad, justicia, veracidad, y soberanía. Si sabemos lo que la Biblia quiere manifestar con estos atributos, tendremos un conocimiento concreto del Dios que adoramos.

5
LOS ATRIBUTOS DE DIOS

Lectura bíblica: Isaías 45.8-25

Ya hemos dicho que nos parece más conveniente clasificar los atributos de Dios en dos categorías: los comunicables y los incomunicables. Esta manera de clasificarlos hace resaltar que Dios es trascendente e inmanente, a la vez. Lo que queremos decir con esto es que Dios es diferente de toda su creación (el hacerlo igual es panteísmo): pero que al mismo tiempo Dios está presente en su creación y nunca está ausente de ella. Los atributos incomunicables hablan de la trascendencia de Dios. Y los comunicables hablan de su inmanencia.[1]

Los atributos que no tienen analogías en las criaturas y que dan énfasis a la trascendente grandeza de Dios, haciendo resaltar la absoluta diferenciación de Dios, son los siguientes:

1) La independencia de Dios, su autoexistencia, o su aseidad [que existe por sí mismo].[2] Cuando afirmamos esta verdad de Dios

1 Nota: La trascendencia de Dios significa que Él no forma parte del universo creado. Dios creó el universo pero no es el universo, ni tampoco depende de su creación. La inmanencia se define como el hecho de que Dios puede relacionarse (y de hecho lo hace) con el universo que ha creado. De manera que Dios trasciende el universo pero a la vez se relaciona con el mismo, sin formar parte de o ser Su creación.

2 Nota: Asediad —Dios no es autocausado, es no causado. Aseidad significa que Dios no depende de nada para Su existencia. Pero no debemos de confundir esto con que Dios causó su propia existencia. Sencillamente «es». Se ha dicho que solo hay tres posibilidades para la existencia: 1. Causado por otro; 2. Autocausado; y 3. No causado. Pero la Segunda opción representa una contradicción ya que lo causado tendría que ser antes de existir (a fin de poder causar su propia existencia), una imposibilidad (porque no viene de nada). De manera que todo lo que existe cae en las dos categorías que

estamos aseverando que Dios existe por la necesidad de su propio ser y que no depende de ninguna cosa externa a Él para su existencia. No solamente es independiente en su ser: también lo es en todas sus acciones y virtudes. Esto no solo hace que Dios no dependa de nada sino que toda su creación dependa de Él. Jesús explicó (Juan 5.26) que no solamente el Padre tiene este atributo, sino el Hijo también. La independencia (aseidad) de Dios está afirmada especialmente en la exégesis del nombre «Jehová» en Éxodo 3.14.

2) La inmutabilidad de Dios. Lógicamente la independencia o aseidad de Dios es el requisito de su inmutabilidad. Dios es inmutable en el mismo grado que es independiente. Porque si dependiera de algo creado estaría sujeto al cambio. No podemos por supuesto imponer nuestras categorías lógicas a Dios, pero sí es necesario para nuestro entendimiento expresar lo que sabemos en términos lógicos. Dios es siempre lo mismo; no tiene historia personal ni evolución. No crece ni envejece, y está exento de todo cambio en su ser y en sus propósitos. Vemos afirmada esta verdad en Salmo 102.27; Malaquías 3.6; Santiago 1.17. Esto afirma también del Hijo en Hebreos 13.8.

No debemos pensar que, por ser inmutable, no hay movimiento en Dios. La Biblia lo presenta como un Dios activo, revelándose, dirigiendo la historia, cumpliendo con sus propósitos y promesas, y reaccionando a lo que hace su pueblo y el resto del mundo. Algunas de las expresiones que aparentemente atribuyen cambio a Dios son evidentes «antropomorfismos» empleados para nuestro entendimiento. Un «antropomorfismo» es una expresión que habla de Dios en términos humanos, como si Dios tuviera ojos, brazos, nariz, etcétera, y como si de veras se cansara, riera y estornudara. En nuestro día se emplean los antropomorfismos a menudo en la televisión, haciendo hablar a los animales, árboles, y peces, como si fueran

quedan: causado por otro (ej.: el universo, los ángeles, los seres humanos) y no causado (solo Dios).

seres humanos. Sabemos que realmente no lo hacen y no nos causa problema de entendimiento. Así debemos de entender las expresiones «antropomórficas» de la Biblia cuando habla de un Dios que extiende su mano, y cuando dice que Dios se arrepintió. Estas expresiones corresponden a nuestras experiencias y, aunque parece que haya cambios en la historia que percibimos, no quiere decir que los hay en los propósitos inmutables de Dios. La mutabilidad no está en Dios, sino en el hombre y en sus relaciones con Dios, y, sobre todo, en su percepción de estas relaciones.

3) La infinidad (o infinitud) de Dios significa que lo que Él es lo es de manera infinita. Él rebasa cualquier posibilidad de ser medido.

Este atributo presenta varios aspectos, el primero de los cuales es su absoluta perfección. Aquí vemos lo infinito de Dios en cuanto a sus cualidades. O, dicho de otra manera, es la perfección cualitativa. La infinidad de Dios califica a todos los atributos, o sea, todo lo que podemos afirmar acerca de Dios. Dios es infinito en su conocimiento, bondad, justicia, santidad, poder; en fin en todo lo que Él es.

La infinitud de Dios en relación con el tiempo se llama eternidad. Aunque, adaptándose a nuestro modo de entender, las Escrituras presentan la eternidad como una duración constante e interminable, la eternidad de Dios indica más bien que Él trasciende el tiempo y comprende la totalidad de eso que llamamos tiempo o historia, todo a la vez. Nosotros distinguimos, por los límites de nuestra comprensión, entre el pasado, el presente y el futuro; pero Dios no está limitado por esas categorías.

La infinitud de Dios en relación con el espacio se llama su inmensidad. No debemos pensar en la inmensidad de Dios como el espacio sin fronteras, sino en un Dios que trasciende el espacio. Un aspecto de su inmensidad es su omnipresencia. Dios está presente en todo lugar y rebasa todo espacio. No hay lugar, como dice David en el Salmo 139.7-10, donde Dios no esté. Pero, de acuerdo con la afirmación de su inmensidad, Dios no está «repartido» en muchos lugares, sino que está totalmente presente, con todo su ser, en todo lugar.[3]

4) El último de los atributos incomunicables que consideraremos es la simplicidad de Dios. Con esto afirmamos que Dios no es un compuesto, ni está hecho de partes: no ha sido armado. Tampoco es susceptible de divisiones. La importancia de este atributo se verá cuando lleguemos a estudiar la autoafirmación de Dios como trino. La esencia de Dios y sus atributos no son distintos; sus atributos son idénticos con su naturaleza. Dios es precisamente como se revela, Dios está completo en sí mismo: nada se puede agregar ni restar de su ser. Sus manifestaciones no son diferentes de su propia interioridad; sus atributos no son adiciones a su naturaleza.

La simplicidad de Dios[4] implica su singularidad. Dios no puede ser repartido entre muchos seres. O, por decirlo de otra manera, no es posible que varios seres compartan la naturaleza de Dios. Algunos teólogos hablan de estas verdades empleando la expresión de la «unidad de Dios». Deuteronomio 6.4, «Oye, Israel, Jehová nuestro Dios, Jehová uno es», puede traducirse «Jehová unidad es». Dios es una unidad, singular y simple.

Estos atributos incomunicables definen a Dios como Dios trascendente y nos dan conocimiento de su ser. Su número exacto es difícil de determinar, ya que se les puede contar de distintas maneras. Por ejemplo, podemos hablar de la unidad de Dios, su simplici-

3 Nota: Dios no tiene límites espaciales ya que el espacio no le aplica a Él (es un Ser no espacial; esto es existencia pura). Él no es contenido por algún espacio ni lugar. Dios es Espíritu; es inmaterial y sin límites. Sencillamente «es». Si tuviera límites habría un «lugar» más allá de donde Él está. Pero eso es imposible. De manera que Dios en Su naturaleza divina no está en un lugar definido. A la vez comprendemos, con relación al universo creado, que no hay lugar en el cual Él no esté.

4 Nota: La simplicidad de Dios tiene que ver con Su esencia. Él no es un ser compuesto como lo es toda su existencia creada. Esto no aboga en contra de Dios como trino ya que la enseñanza acerca de la Trinidad afirma que Dios es solo uno en esencia o naturaleza y no tres esencias distinguibles. Esto es, no hay sino una esencia, pero sí tres personas. El Padre es Dios, el Hijo es Dios y el Espíritu Santo es Dios, sin haber tres dioses.

dad y su singularidad como tres atributos o como tres aspectos del mismo atributo (tal como lo hemos hecho). De la misma manera, hemos hablado de la infinitud de Dios como un atributo cuando podemos hablar también de su perfección, su eternidad y su inmensidad como distintos atributos. Podemos contar los atributos comunicables como un mínimo de cuatro y, a la vez, afirmar que son ocho o más. Lo importante no es el número sino la corrección de la afirmación, y si la afirmación nos proporciona conocimiento de Dios.

Los atributos comunicables también dan conocimiento del ser de Dios, pero lo dan a base de nuestra experiencia, pues experimentamos en nuestro ser una analogía de estas virtudes de Dios. Debemos fijar nuestra atención en una verdad que mencionamos antes: los atributos de Dios se califican mutuamente. Los atributos incomunicables califican a todos los atributos comunicables, haciendo que estos sean en esencia diferentes en Dios y en el hombre. Dios es infinito, inmutable, independiente, y simple en conocimiento, justicia, amor, etcétera; y esto no se puede afirmar del ser humano. Lo que encontramos en el ser humano caído es un eco o reflejo del atributo y no es, en este sentido, el atributo original. Los ecos y reflejos suelen ser débiles y desfigurados por el pecado; sin embargo, nos dan base para un conocimiento de la realidad de Dios.

De los atributos comunicables de Dios uno de los principales (en cuanto a la impresión que deja en nosotros, pues nadie puede postular una jerarquía de los atributos de Dios, afirmando que unos son más importantes o básicos que otros) es el amor. El amor de Dios es considerado como el atributo central de Dios. Es cierto que este atributo califica a todos los otros, pero no debemos olvidar que todos los demás también califican al amor. Tenemos que interpretar todos los atributos en relación con el amor de Dios, pero, a la vez, tenemos que interpretar el amor de Dios a la luz de todos los otros atributos. No entendemos el amor de Dios sino a la luz de todo su ser, y el amor no caracteriza su naturaleza más que los otros atributos.

Este amor puede considerarse desde distintos puntos de vista, cada uno de los cuales puede ser presentado como un atributo de Dios. Hablamos, por ejemplo, de la gracia, la misericordia y la longanimidad como tres expresiones del amor de Dios, pero estas pueden tomarse como afirmaciones verdaderas sobre su naturaleza (y, en este sentido, como atributos).

En el lenguaje de las Escrituras, la gracia de Dios es el amor inmerecido de Dios hacia el ser humano perdido. El pecador indigno es considerado por Dios como un objeto de su amor a tal grado que esta actitud divina resulta en la salvación del pecador. Se habla en la teología de una «gracia común» que es igualmente inmerecida pero que no salva, pero parece mejor tratar de este tema cuando hablemos de la bondad de Dios. La gracia de Dios es su actitud benevolente e inmerecida hacia el pecador. Una de las características más notables de la gracia es el hecho de ser inmerecida. El objeto del amor no provoca la actitud. Los seres humanos experimentamos amor cuando esta emoción es provocada por algún valor que percibimos en el objeto de este amor: Dios ama al pecador a pesar de que este no puede provocar el amor. Dios ama porque es amor.

La misericordia de Dios también puede llamarse su compasión. Es el amor de Dios hacia el que está sufriendo las consecuencias del pecado, mitigando en un sentido los padecimientos provocados por el pecado. La base de la misericordia se halla en los méritos del Salvador. Este atributo también puede llamarse la clemencia de Dios.

El castigo del pecado no siempre es inmediato (aunque sí lo es su consecuencia en algún nivel): Dios es paciente. La paciencia de Dios es otro nombre para la longanimidad de Dios. Algunos teólogos hacen de esa paciencia otro atributo, y, desde luego, es posible hacerlo. Esto ilustra de nuevo la imposibilidad de fijar el número de atributos, pues el número depende de lo que contemos por separado y lo que contamos como distintos aspectos de un mismo atributo. La longanimidad de Dios se ve en el hecho de que Él «soporta» o «aguanta» a los malos, aun a los que le retan. Pospone o posterga el castigo dándoles a los pecadores la oportunidad para arrepentirse. Pedro habla de esto en su segunda carta (2 Pedro 3.3-9), y Jesús nos da una ilustración en Mateo 23.37 y Lucas 13.34.

6

AMOR, SOBERANÍA, VERACIDAD Y JUSTICIA

Lectura bíblica: Isaías 44.9-20; Jeremías 10.1-16; 51.14-19

Continuamos nuestro estudio de los atributos de Dios. Ellos nos permiten, por así decirlo, percibir la naturaleza de Dios. No podemos verla directamente, desde luego, pues nadie jamás ha visto a Dios (excepto el Hijo, quien lo dio a conocer), y la naturaleza de Dios no se presenta directamente a nuestros sentidos. Pero, sí, Dios se nos presenta en su Palabra, y lo podemos conocer y hacer afirmaciones acerca de Él. Y lo que es más, podemos confiar en que lo que afirmamos de Dios es la verdad, pues estas afirmaciones son una repetición de lo que Dios mismo dice sobre su propio ser.

Algunos de los atributos de Dios se encuentran en forma de eco o reflejo en el ser humano, pues en parte esto es lo que quiere decir que el hombre está hecho a la imagen y semejanza de Dios. Estos atributos son los comunicables. Pero como estas lecciones no son estudios de antropología teológica, no haremos, por ahora, exposición sobre este punto. Cabe más en nuestro tema el poner énfasis en que todos los atributos son medios para conocer a Dios y en que mediante los atributos comunicables nuestro conocimiento de Dios llega a ser concreto y real.

El amor de Dios

Ya hemos enfocado nuestra atención sobre el atributo que muchos tienen como el más destacado de la naturaleza de Dios. Este atributo es el amor. Es muy frecuente en nuestra cultura pensar en este atributo como si él fuese el único atributo de Dios. Pero si sólo pensamos en él, nuestro conocimiento será parcial y deformado, sobre todo si tomamos como punto de partida nuestra experiencia de amor. Tenemos que recordar que todos los atributos de Dios se califican mutuamente, y que los atributos incomunicables de Dios califican a sus atributos comunicables. Esto hace que los atributos comunicables de Dios sean cualitativamente diferentes en el ser humano y en Dios. Pues ¿quién puede hablar de un amor humano que sea eterno, singular, independiente, e inmutable, y que a la vez sea santo, justo, soberano, sabio, bueno, y veraz?

También hemos visto de nuevo el problema del número de los atributos. No podemos hablar de un número específico; más bien los mencionamos y los contamos para aumentar nuestro conocimiento y ampliar nuestra comprensión de cómo es Dios. El amor de Dios, por ejemplo, puede ser un atributo o pueden ser tres, dependiendo de la manera de especificarlos y mencionarlos. Pero, sea uno o sean tres, al mencionarlos conocemos a Dios repitiendo para nosotros mismos estos aspectos de su autorrevelación.

La soberanía de Dios

Después de pensar en Dios como amoroso, el atributo que suele llegar a la mente es el de la soberanía de Dios. Para muchos es posible que este sea el primer atributo de Dios que se les venga a la mente. Es difícil pensar en Dios sin pensar en su soberanía. A primera vista, para algunos, es difícil pensar en la soberanía como un atributo comunicable. Les parece que solamente Dios es soberano y que el hombre de ninguna manera participa en esta descripción de Dios. Pero la verdad es que como seres humanos tenemos bastante soberanía. Dirigimos nuestras propias actividades. Los varones, por ejemplo, decidimos el color de nuestros calcetines y corbatas; las damas deciden el color de su cabello y sus labios. Manejamos coches y aviones, e imponemos nuestra voluntad sobre los animales. Todo ello es soberanía, aunque en una forma limitada.

La soberanía de Dios es «limitada» solamente por su propia voluntad. A la vez, su voluntad es soberana, pues la soberanía concierne específicamente a la voluntad, aunque el aspecto volitivo no es el único. La soberanía conlleva también la absoluta superioridad y la omnipotencia de Dios. Dios no responde ni le rinde cuentas a nadie; Él lo planea y lo ejecuta todo según su libre consejo, sin consultar ni pedir permiso, y sin dar explicaciones. Tampoco tiene que buscar ayuda, y jamás le faltan energías. Sus capacidades y habilidades están todas calificadas por todos sus atributos. Ahí está su omnipotencia. La soberanía de Dios es cualitativamente diferente de la de los seres humanos ya que está por encima de la ley, pues la ley es un aspecto de la creación, y toda la creación, incluyendo la humanidad, está bajo ley. Ley, en su sentido amplio, siempre es una expresión de la voluntad de Dios.

La soberana voluntad de Dios es considerada en las Escrituras como la causa final de todas las cosas. La creación y la providencia son expresiones de su soberanía. Su gobierno sobre todo lo que existe, dirigido a un fin determinado por Dios mismo, es una concreta manifestación de su voluntad. Esto lo entendemos solamente en parte y a posteriori, o sea, después de poderlo percibir, a menos que Dios mismo revele de antemano lo que es su voluntad. Esto último lo vemos en las profecías del Antiguo Testamento tocante a las naciones en relación con Israel y el reino mesiánico, pero no tenemos revelaciones en nuestra época acerca de las naciones actuales. Tenemos que esperar hasta que los acontecimientos se realicen, y aun entonces tendremos dificultad para interpretar su significado.

La voluntad de Dios es libre en el sentido de que no hay nada fuera de ella que pueda crear una necesidad con la que Dios tenga que cumplir. Dios, sin embargo, puede comprometerse libremente por su propia cuenta (lo que efectivamente hace en su soberano pacto) sin que esto constituya un límite a su soberanía. La decisión de Dios de permitir el pecado y luego incorporarlo a sus propósitos salvíficos —como en el caso de José y sus hermanos y en el de Judas— tampoco reduce su soberanía. Dios es soberano, aunque nosotros no podamos explicar bien todos los aspectos de esta soberanía ya que ello trasciende a nuestra comprensión.

La veracidad de Dios

El que Dios sea verídico es de suma importancia para nosotros. Si fuera mentiroso o engañoso, la situación existencial de la humanidad sería desastrosamente desesperada. El hecho de que este atributo sea comunicable, y que vivamos situaciones en que no se sigue la verdad, tiene un profundo efecto sobre nosotros. Nos damos cuenta de esto cuando no podemos creer en lo que dicen nuestros amigos, familiares, maestros, o gobernantes. Y aun así seguimos creyendo que la verdad tiene que existir. Pero la verdad no existe por sí sola, sino porque hay seres veraces como los humanos (nosotros, por ejemplo). Dios es veraz, es verdadero, y por eso existe la verdad.

Dios es veraz en su revelación. Lo conocemos porque dice la verdad en cuanto a sí mismo. Conocemos el mundo —y la ciencia es posible— porque, en la revelación general de Dios, las cosas se nos presentan tal como son, su naturaleza es revelada y tenemos conocimiento. Si Dios no fuera verdadero, ni ninguna parte de su revelación confiable, jamás podríamos saber; ni siquiera si sabemos o no.

Este atributo es el que mejor distingue al verdadero Dios de los ídolos. Estos son ficción, mentira, y vanidad. No existen aparte de su fabricación humana, ni son como se presentan. Tal como dice en los Salmos: tienen ojos y no ven; tienen oídos y no oyen; tienen boca pero no hablan, etc. Y los que creen en ellos son semejantes a ellos (Salmos 115.3-8; 135.15-18). Jehová, el que habla, ve, y oye; es el Dios verdadero.

Un aspecto de la veracidad de Dios es su fidelidad. Dios cumple todas sus promesas y siempre es igual; no engaña. Por su fidelidad las cosas son como son y siempre lo serán. La fidelidad de Dios es la base de nuestra confianza y el fundamento de nuestra seguridad. Por ser Dios fiel y verdadero, el gozo y la alegría nos son posibilidades reales.

La justicia de Dios

Hemos de tener cuidado de que nuestras torcidas ideas de justicia no tuerzan también nuestro concepto de la justicia de Dios. Toda idea de justicia debe basarse en la revelación de justicia como atributo a Dios. A la vez, no debemos olvidar el hecho de que la justicia es atributo comunicable y está presente en los seres humanos. Por ser nosotros hechos a imagen de Dios tenemos una idea de la justicia y la aplicamos en las relaciones humanas, casi siempre para juzgar al prójimo.

Algunos teólogos relacionan la justicia de Dios con su santidad y ponen a la justicia en función de la santidad, diciendo que la justicia de Dios es aquella perfección por la cual Dios se conserva justo contra toda violación de su santidad.[1] Es cierto que este es uno de los efectos de su justicia, pero no parece que sea su esencia. Podemos decir que la justicia también se relaciona con su bondad, su sabiduría, su soberanía, etc. La justicia no solamente tiene que ver con la santidad de Dios sino con todo lo que Dios es.

1 Nota: No podemos «des-santificar» a Dios pero sí podemos «des-sacralizar» lo suyo, su nombre, etc., y así «violar» su santidad. Satanás seguramente hace una violación de la santidad de Dios, pero eso no lo hace menos santo.

Tal como hemos explicado antes, cada atributo califica a cada uno de los otros, y la justicia también se relaciona con los demás atributos. El amor de Dios es justo, como lo son también su bondad, su sabiduría, y su santidad. La justicia es más bien la perfección de Dios en cuanto cumple con todas las normas que Él se pone a sí mismo. La justicia de Dios quiere decir, pues, en primer lugar, que no existe norma o pauta por encima de Dios. No hay nada superior a Dios que pueda servir para juzgarlo. Él pronuncia la sentencia a sus propios actos.

La justicia de Dios es la norma para distinguir lo correcto y lo incorrecto; es la base de todo gobierno moral en el mundo. Debido a que la justicia tiene que ver con normas, reglas y pautas, se puede hablar de la rectitud de Dios como un sinónimo de su justicia. La rectitud de Dios quiere decir que Dios cumple con toda medida que Él mismo se pone a sí mismo. Es también la norma para juzgar al hombre. Este aspecto de la justicia de Dios se llama, a veces, su justicia rectora.

Se habla también de la justicia remunerativa de Dios. Esto se refiere al hecho de que Dios premia y recompensa según las condiciones y promesas que Él mismo ha puesto. Dios trata con nosotros tal como Él es en su esencia, sin influencia de algo externo a Él. Este es el sentido de la idea en 1 Juan 1.9: «Él es fiel y justo para perdonar nuestros pecados». La misericordia de Dios no va contra su justicia, ni la limita, sino que la justicia de Dios tiene que ver con nuestro perdón, ya que cumple con su promesa.

La otra cara de esta justicia es el ser retributiva. Esto tiene que ver con los castigos que Dios impone como resultado del pecado. Es una expresión de su ira contra el pecado. Tan justo es Dios que, para no pasar por alto los pecados de su pueblo, los castigó en su Hijo. La justicia es fundamental para nuestra salvación. Somos salvos porque Dios es justo. Habiendo castigado a su Hijo por nuestros pecados, no nos castigará a nosotros por ellos. Por otra parte, a los que no están en Jesucristo, a los que no están unidos a Él por la fe, a estos sí los castigará por sus pecados. La justicia de Dios ha de ser satisfecha, o por Cristo o por el pecador. Dios no anula su justicia; hacerlo sería dejar de ser Dios (lo cual es imposible).

7

EL DIOS QUE ADORAMOS / PARTE 1

Lectura bíblica: Isaías 6.1-13

Seguimos con nuestro estudio de los atributos de Dios. Los atributos son las características que podemos afirmar como verdades acerca de Dios. Repetimos lo que Dios mismo ha dicho en relación con su ser, pues todo nuestro conocimiento de Dios viene de Él mismo en su revelación especial y en su revelación general. Para estas lecciones que tratan de la naturaleza de Dios, dependemos por completo de la revelación especial, que es la Biblia. De ella aprendemos las verdades que afirmamos como atributos de Dios.

La santidad de Dios[1]

El atributo que ahora consideramos ha sido expuesto no solamente como la esencia básica de Dios sino también como el carácter fundamental de la religión. La raíz de la palabra en hebreo (y en griego) indica una separación, una distinción radical. Sin lugar a dudas, ese atributo de Dios es prominente en la adoración. Cantamos «Santo, Santo, Santo» a Dios como una descripción del Dios que adoramos. Una parte importante de nuestra reverencia en el culto y en la adoración es el concepto que tengamos de la santidad de Dios.

Cuando hablamos de la santidad de Dios nos damos cuenta de nuestra lucha con la fragilidad del lenguaje humano para describir

1 Nota: La santidad se ha explicado desde dos puntos de vista: por un lado Dios, por naturaleza, es separado de manera absoluta de todo mal, corrupción y pecado. Por el otro lado, Él es completamente puro, santo y bueno.

adecuadamente este concepto. Sin embargo, la idea de la santidad de Dios —de que es radicalmente distinto de sus criaturas— es uno de los conceptos más repetidos de la Biblia . El Antiguo Testamento abunda en el uso de la palabra y el concepto de la santidad, y el Nuevo cita frecuentemente los textos del Antiguo (p. ej., 1 Pedro 1.15,16; Apocalipsis 4.8) con referencia a la santidad de Dios. Los Salmos, especialmente, exaltan la santidad de Dios.

La santidad de Dios nos dice que Él es exaltado sobre todas sus criaturas, que es absolutamente distinto de ellas, y que no se confunde con su creación. La idea de la santidad de Dios es contraria a todo concepto de panteísmo. Es más, la idea esencial de la santidad de Dios es su excelencia moral, la infinita distancia entre Él y toda impureza, pecado, mentira, o contaminación. La santidad exalta su trascendencia y su pureza. Su santidad es su perfección moral. Pensamos en conceptos tales como honestidad, honradez, integridad, confiabilidad, pureza, virtud, dignidad, pulcritud, probidad, y otros. Todo esto, y más, es lo que afirmamos cuando hablamos de la santidad de Dios.

La manifestación de la santidad de Dios está en la ley moral; pero también la ley ceremonial la enseña. La necesidad de las purificaciones de los sacerdotes en el Antiguo Testamento, la exigencia de un detallado cumplimiento del ritual, y la distancia que tenía que mantener el pueblo del lugar santo (y el lugar santísimo) eran medios didácticos para impresionar al pueblo acerca de la santidad de Dios.

Es difícil pensar en la santidad como atributo comunicable. Una contemplación de la santidad de Dios produciría en nosotros la misma reacción que tuvo Isaías a su visión. Sin embargo, la Biblia llama «santos» a los creyentes. Así lo designa Pablo en sus cartas, aun a los corintios, a quienes llama la atención por sus pecados. Además en los dos testamentos la santidad se expone como una obligación moral del creyente: tenemos que ser santos como nuestro Dios es santo.

El creyente es santo porque es separado para Dios. La separación tiene siempre dos direcciones, «de» y «para»: del mundo y para Dios, tal como Dios es claramente separado de todo lo que no es Dios: Él es trascendente. A diferencia de sus criaturas, Dios es santo en sí mismo. Las criaturas son santificadas; son hechas santas por ser separadas para Dios. La mera separación del mundo no hace santos; el hecho de que Dios aparta a los creyentes (en Cristo) es lo que los hace santos. Si vamos a adorar al Dios santo, parte de nuestra adoración es la práctica de la santidad, la materialización en nuestra vida diaria del hecho que somos apartados por Dios y para Dios. Esto tienen fines evangélicos. Ezequiel lo dice: «Y sabrán las naciones que yo Jehová, dice Jehová el Señor, cuando [yo] sea santificado en vosotros delante de sus ojos» (36.23b).

El conocimiento de Dios

De principio a fin las Escrituras presuponen el conocimiento de Dios. Dan por sentado que Dios lo sabe todo y que nada hay escondido de Él. Dios es descrito como «luz», en contraste con la oscuridad o las tinieblas. En el lenguaje de la época la oscuridad implica no saber, confusión, ignorancia, falta de visión. La «luz», por el contrario, lo sabía todo, lo percibía todo, lo entendía todo. Muchas de las referencias a Dios en las Escrituras han de entenderse en este sentido. En la luz todo se manifiesta, todo es revelado y no hay lugar para esconderse. Ya nos hemos referido antes a algunos aspectos de este atributo. Cuando hablábamos de la posibilidad de tener conocimiento de Dios, decíamos que podemos conocer a Dios solamente si Él se conoce a sí mismo. Debido a que Dios se conoce, y se conoce exhaustivamente, por medio de la revelación tenemos acceso a esos conocimientos y tenemos entonces conocimiento de Dios. Nuestro conocimiento de Dios presupone el conocimiento que Dios tiene de sí mismo. Un aspecto importante del conocimiento de Dios es el conocimiento que Él tiene de sí mismo.

Cuando afirmamos el conocimiento como atributo de Dios, afirmamos a la vez que Dios es consciente, es decir, sabe que sabe, y lo que sabe lo sabe perfectamente, Además, Dios es autoconsciente, tiene conciencia de sí mismo. Y tiene conciencia del mundo, de su creación. También sabe distinguir perfectamente entre la una y la otra. Esto distingue al cristianismo de todo panteísmo, pues en el panteísmo Dios se identifica con el mundo y es la conciencia del universo.

El conocimiento de Dios es comprensivo: no existe nada mas allá de la omnisciencia de Dios. El concepto de omnisciencia no es otra cosa que la calificación del conocimiento con el atributo incomunicable de la infinitud. El conocimiento de Dios no tiene límites. En cuanto a este atributo, Dios es omnisciente.

El conocimiento de Dios es no sólo comprensivo sino también intuitivo e inmediato. No se deriva de observación y estudio; es más bien su posesión inherente. El conocimiento de Dios no es el resultado de una serie de silogismos. No depende de un proceso de razonamientos: es inmediato y unificado. Cuando afirmamos que el conocimiento de Dios es inmediato queremos decir que su conocimiento no está «mediado» por otro, por instrumentos. Dios no depende de medio alguno ni de procesos de investigación. Su aseidad se aplica a su conocimiento: Él es totalmente independiente de nada exterior para conocer.

En cambio el conocimiento nuestro es a posteriori, o sea, presupone la existencia del objeto conocido antes de que podamos conocerlo. Nuestro conocimiento viene siempre después. Con Dios es totalmente lo contrario. Él conoce las cosas antes de que existan y todos los acontecimientos antes de que acontezcan. Para nosotros el mundo no puede ser conocido a menos que exista: para Dios las cosas no pueden existir a menos que sean conocidas. Dios es el fundamento de toda existencia, fundamento que está en Él mismo, y su conciencia y conocimiento no pueden depender de algo fuera de Él ni ser independientes de Él. Para nosotros estar conscientes de algo implica la existencia de ese algo; para Dios ese algo implica la previa conciencia de Dios. El conocimiento de Dios no se deriva del universo de las cosas creadas; más bien ese universo se deriva del conocimiento de Dios. El conocimiento de Dios es simple, indiviso, inmutable, y eterno; Él sabe todas las cosas instantánea, simultáneamente y eternamente. Todas las cosas están eternamente presentes en su mente.

La sabiduría de Dios

La sabiduría de Dios podría ser considerada como un aspecto de su conocimiento. Pero la Biblia parece considerarla de una manera diferente, no solo como un aspecto de su conocimiento. Eso lo vemos especialmente en Pablo. Podemos citar su Primera Carta a los Corintios (1.17—2.16). Ahí el apóstol compara la sabiduría de Dios con la de los hombres, y no podemos sustituir la palabra sabiduría por conocimiento. Aunque la palabra sabiduría no excluye la idea de conocimiento, no es lo mismo. Eso se puede notar en la experiencia humana. Una persona puede ser escasa en conocimientos y sin embargo ser sabia. Otra puede tener muchos conocimientos y no serlo. Los dos conceptos no están en conflicto. Una persona puede tener muchos conocimientos y ser exquisitamente sabia. Y a la inversa, a otra le pueden faltar ambas cualidades.

Algunos pensadores hablan de la inteligencia de Dios y consideran la sabiduría como una especie de inteligencia. Esto es quizá una manera práctica de enfocar la cuestión. La sabiduría de Dios será entonces aquella inteligencia de Dios mediante la cual Él determina todas las cosas y las conduce hacia sí.

La sabiduría de Dios se ve especialmente en la creación, la providencia, y la redención. La meditación sobre estas tres actividades de Dios revelará, como ninguna otra cosa, su sabiduría. El salmista (104.24) canta la sabiduría de Dios cuando considera sus obras. La Biblia habla mucho de la sabiduría de Dios, y la contemplación de sus obras realmente nos impresiona.

La manera en que la creación manifiesta la sabiduría de Dios no cesa de maravillarnos. Vemos cómo todas las partes están interrelacionadas, y la contemplación de tal fenómeno nos da sabiduría a nosotros también. Telescopios y microscopios nos ayudan a apreciar la sabiduría de Dios. El Salmo 19.3 hace referencia a un hecho que nosotros podemos apreciar aun con más profundidad gracias a los muchos instrumentos con que contamos para contemplar la creación. En el Salmo 139.13-18, el autor está muy impresionado por la sabiduría de Dios, aun sin mencionar la palabra.

La providencia de Dios —su dirección y mantenimiento de la creación— es otra manifestación de su sabiduría. Todas las cosas están dirigidas hacia un fin, y este fin está ya determinado por la sabiduría de Dios. El consuelo que nos da Romanos 8.28 descansa en la sabiduría de Dios. ¿Cómo podrían todas las cosas ayudar a bien para el creyente si detrás de todo no estuviera la sabiduría de Dios?

La redención es el otro gran acto de Dios. La misma muestra no solamente su amor, su justicia, su misericordia, etc., sino también, y de una manera especial, la sabiduría de Dios. Uno de los conceptos básicos para entender nuestra salvación es el que Pablo expone a los gálatas al decir que Dios la efectuó en «cumplimiento del tiempo» (Gálatas 4.4). La idea de «cumplimiento del tiempo» es profundamente teológica, pero a la vez sencilla y muestra la sabiduría de Dios. Contemplar cómo Dios llevó a cabo nuestra salvación nos hace considerar con reverencia la sabiduría de Dios.

Este estudio concluye nuestra consideración de los atributos de Dios. Se puede decir más, pero hay muchos otros temas que estudiar.

3

EL DIOS QUE ADORAMOS / PARTE 2

Lectura bíblica: Salmo 8

Parece que una preocupación especial de Dios es su nombre. Son numerosos los textos bíblicos que hablan del nombre de Dios y como Él lo cuida. Esto es importante. El hecho de que Dios tenga nombre y se interese en cuidarlo nos dice mucho acerca de su carácter y de cómo debemos tratar con su nombre.

Invocar a Dios por su nombre es algo diferente de hablar abstractamente del «ser supremo», la «base de todo ser» o «lo trascendente». Invocarle por nombre implica un concepto de personalidad y relación. Las Escrituras ponen énfasis en el hecho de que Dios tiene nombre y de que se revela por sus nombres. (Hay cierto juego de palabras en las Escrituras entre el singular «nombre» y el plural «nombres»; la palabra «nombre» —singular— es la totalidad de sus «nombres» y a veces es sinónimo de su autorrevelación [Véanse Éxodo 20.7; Salmos 8.1; 48.10; 76.1; Proverbios 18.10.] En esta lección emplearemos el mismo juego. Cuando hablamos del «nombre» de Dios nos referimos a todo lo que Él ha revelado sobre sí mismo; cuando hablamos de los nombres nos referimos a las varias autodesignaciones con que Dios se identifica.)

La idea del nombre de Dios nos presenta cierta dificultad. Seguramente no podemos nombrar a Dios. ¿Cómo le podríamos llamar? Pero tiene muchos nombres. ¿Cuál de ellos es realmente su nombre? Si hay un solo Dios, ¿cómo puede tener muchas designaciones e identificaciones? Respondemos que sus nombres no son meros apelativos ni solamente designaciones para distinguirlo, sino verdaderas revelaciones de su ser y de su relación con nosotros. Fueron escogidos por Dios mismo con el fin de que tengamos un conocimiento más certero de Él.

Nombres hebreos

Hacer mención de todos los nombres de Dios que hallamos en el Antiguo Testamento requeriría un tratado bastante más extenso que este estudio, pues son muchos. Aquí vamos a estudiar los más empleados en la Biblia y los que se usan para acentuar la personalidad de Dios.

El primero de ellos es realmente un conjunto de nombres. Este conjunto tiene como núcleo el nombre EL, y se encuentra en combinaciones tales como ELOHIM, ELYON, junto con otras como EL-SHADDAI. La raíz EL puede traducirse como Dios o Señor. El nombre quiere decir el primero en rango, el supremo, el más alto, el superior. Es un nombre casi genérico. La palabra se aplica a veces a los dioses falsos.

En combinación el matiz cambia un poco. No solamente es el supremo sino también supremo en algo. Dependiendo de la otra parte del nombre, la combinación con EL puede indicar supremo en poder, el primero en sabiduría, el superior en rango, etc. ELYON, por ejemplo quiere decir EL ALTÍSIMO. (Melquisedec adoraba a Dios con este nombre.) ELOHIM es el primer nombre empleado en la Biblia. Es el Dios de la creación. El nombre es plural, el plural de majestad y quiere decir que es el supremo de todos los supremos y el supremo en todo. Muchos ven en la forma plural de este nombre una referencia a la Trinidad; creo que tienen razón.

Otro nombre, muy usual en el Antiguo Testamento, es ADONAI (algunos traductores escriben ADONAY porque el acento está sobre la última letra). Mientras que el nombre EL es casi siempre traducido como «Dios» (o dios). ADONAI es casi siempre traducido con la palabra «Señor». Muchas veces está en combinación con ELOHIM y la traducción es Señor Dios. El nombre ADONAI tiene la connotación de gobernante, el que rige. La frase «ELOHIM es ADONAI sobre la tierra» —Dios es Señor sobre toda la tierra— ilustra este uso del nombre.

ELYON, mencionado antes como el nombre citado por Melquisedec, designa a Dios como el exaltado, el sublime, y pone énfasis en su trascendencia. Como tal, Dios es el verdadero objeto de reverencia y adoración.

El nombre SHADDAI o EL SHADDAI quiere decir todopoderoso y acentúa el hecho de que Dios lo controla todo, con énfasis especial en las fuerzas de la naturaleza y los poderes malignos. Este nombre da consuelo al creyente ya que revela el poder de Dios para cuidar a su pueblo.

El nombre principal del Antiguo Testamento, un nombre que revela una relación especial, es el de JEHOVÁ. Este nombre aparece así en nuestras Biblias (las de la Sociedad Bíblica), pero está expresado en varias formas en otras versiones. Las más usadas son JAVE, YAVEH y YAHWEH. La razón es que en las Biblias en hebreo, que no tienen las vocales escritas, encontramos las letras Y H W H o J H V H, aunque las letras hebreas no corresponden exactamente a las españolas. En las Biblias hebreas que si llevan vocales parece que los judíos pusieron las vocales del nombre ADONAI, porque no querían pronunciar el nombre más sagrado de Dios. Las letras JHVH con las vocales ADONAI dan JEHOVAH, que los españoles escribieron Jehová. Hay quienes piensan que es importante saber cómo los hebreos antiguos pronunciaban el nombre, pero los más pensamos que podemos aceptar JEHOVÁ como una forma legítima, en castellano YHWH.

El significado del nombre es mucho más importante. Y lo es porque las Escrituras lo tratan como un nombre importante. Es el nombre principal y especial de Dios. Este nombre, además de servir para designar, como todos los nombres, expresa también una relación. Los nombres sirven no solamente para referirse a una persona sino también para relacionarse con ella. Llamamos a una persona por su nombre; nos dirigimos a ella por su nombre. Este nombre es el nombre que Dios nos ha dado para que le invoquemos, para que nos dirijamos a Él.

El nombre JEHOVÁ está relacionado con el verbo ser o vivir. La revelación más completa de este nombre se encuentra en Éxodo 3, donde Dios dice que este es su nombre para siempre (v. 15). La eternidad de Dios está implícita en este nombre, como también su inmutabilidad. Es un nombre exclusivo. Los otros (antes mencionados) se empleaban de vez en cuado para referirse a hombres (o aun a veces a otros dioses); pero el nombre JEHOVÁ está reservado solamente para el Dios verdadero, el Dios de Israel, el Dios del pacto.

Como ya hemos indicado, el nombre JEHOVÁ señala una relación especial entre Dios y su pueblo. Esta relación es el pacto que ha hecho con su pueblo e implica un compromiso de Dios mismo. Por eso, el nombre JEHOVÁ describe a Dios como el Dios cuya gracia y misericordia duran perpetuamente (un concepto relacionado con su eternidad). Este nombre no solamente es el que usamos para dirigirnos a Dios sino también la base de nuestra comunicación con Él. Con este nombre como fundamento nos dirigimos a Dios. El nombre también nos da base para pedir todo lo relacionado con su compromiso; nos da derechos, por decirlo así.

Muy relacionado con este nombre está el de JEHOVÁ TSABAOTH (Jehová de los ejércitos). Los «ejércitos» a que se refiere este nombre son principalmente los ejércitos de ángeles, agentes de la providencia de Dios, pero también a todas las otras «huestes» activas en esta providencia, incluyendo ocasionalmente los ejércitos del pueblo de Dios. El nombre pone de relieve el hecho de que el Dios del pacto es también el Dios de la providencia. Es el Dios que gobierna eficazmente el cielo y la tierra a favor de su pueblo —garantizando así su continua existencia— en cumplimiento de sus divinos propósitos.

Los nombres griegos

Los nombres griegos se originaron básicamente en la traducción del Antiguo Testamento al griego (la Septuaginta), poco más de dos siglos y medio antes de Cristo. La selección de palabras para traducir los nombres del hebreo al griego nos dio los nombres que los escritores del Nuevo Testamento emplearon luego para referirse a Dios. En general no hay diferencia del Antiguo Testamento ya que el Nuevo presupone conocimiento del Antiguo, de la misma manera que la predicación en la Iglesia primitiva presuponía un amplio conocimiento de las Escrituras del Antiguo Testamento. No hubo, pues, necesidad de buscar nombres nuevos porque todos habían aprendido los del Antiguo Testamento. Lo que encontramos es un ligero cambio de énfasis debido a que los frutos del ministerio de Cristo ocupan ahora el centro del escenario.

El nombre más usado en el Nuevo Testamento es THEOS. Esta palabra traduce todas las combinaciones del nombre EL: ELOHIM o ELYON. La traducción al castellano es llanamente «Dios», una traducción correcta. El contexto de cada uso revela si se habla del Dios verdadero, ELOHIM del Antiguo Testamento, o de un dios falso. (Compárense Juan 1.1,13,18 con Hechos 19.26,37; 28.6. Con ayuda de una concordancia se pueden encontrar muchos otros ejemplos.)

THEOS PANTOKRATER, Dios todopoderoso, es la traducción del nombre SHADDAI o EL-SHADDAI. Este nombre se emplea en 2 Corintios 6.18; Apocalipsis 1.8; 4.8; 11.7; 15.3; 16.7,14. Acentúa el poder de Dios, un consuelo para los cristianos perseguidos.

KURIOS (o KYRIOS) es el nombre griego que se emplea para traducir ADONAI y JEHOVÁ del Antiguo Testamento. Se traduce en castellano como «Señor». Nosotros debemos estar conscientes de que el trasfondo del nombre «Señor» está en el Antiguo Testamento de la misma manera que lo estaba KURIOS para los creyentes del tiempo del Nuevo Testamento y debemos concebir a Dios «Señor» en términos de la revelación de este nombre en el Antiguo Testamento.

El nombre que sobresale en el Nuevo Testamento es PATER, Padre. Es opinión popular, pero equivocada, que este es un nombre Nuevo en el Nuevo Testamento. El nombre, y sobre todo la relación que el mismo elucida, está en el Antiguo Testamento (Deuteronomio 32.6; Salmos 103.3; Isaías 63.16;64.8; Jeremías 3.4,19;31.9; Malaquías 1.6;2.10, por ejemplo). Además de estos textos, hay muchos más que hablan del pueblo de Dios como «hijo», lo que obviamente implica que Dios es su padre.

El nombre PATER se emplea en distintos sentidos en el Nuevo Testamento. Uno de los más importantes es el de designar a la primera persona de la Trinidad. La Trinidad está presente en el Antiguo Testamento pero no explícita. En el Nuevo Testamento las personas de la Trinidad son nombradas: Padre, Hijo, y Espíritu Santo. El nombre «Padre» se distingue por su aplicación a la primera persona.

PATER es también el Padre de nuestro Señor Jesucristo. Hace resaltar la relación especial entre el Padre y el Hijo en la obra de la salvación. Jesús mismo habla de la relación entre Él y su Padre. Resalta también la «economía» de la salvación en que cada una de las personas de la Trinidad tiene su obra específica en la salvación a fin de realizarla en armoniosa coordinación. Es el PATER quien tanto amó al mundo que envió a su Hijo.

PATER sugiere especialmente la nueva relación que el creyente tiene con Dios como resultado de la obra de Cristo. Dios, que siempre fue PATER, se hace nuestro Padre como una expresión de su gracia soberana. Y el creyente, por estar en Cristo y por ser adoptado, tiene todo derecho de dirigirse a Dios como Padre. El nombre constituye un especial aliento a la oración. Debe provocar en nosotros el ejercicio de nuestra calidad de hijos.

9

HISTORIA DE LA DOCTRINA DE LA TRINIDAD

Llegamos ahora a una lección cuyo tema no podemos explicar: solamente lo podemos afirmar. Se trata aquí de la Trinidad. Esta doctrina, tan claramente representada en la Biblia, no cabe dentro de nuestra mente. Podemos creerla, entenderla (un poco), pero no podemos explicarla. En esta lección no vamos a explicar cómo es la Trinidad: simplemente vamos a exponer lo que la Biblia dice sobre la Trinidad de Dios. El Dios que se nos revela en la Biblia se nos presenta como trino: Padre, Hijo, y Espíritu Santo. Y aunque no podamos comprender la profundidad de esta verdad, sí podemos creerla y saber que así es Dios porque así se nos presenta.

Después de que la iglesia reconoció el canon de las Escrituras y su autoridad, la doctrina de la Trinidad fue una de las primeras que se afanó por definir. Pero con todo y ello, tardó alrededor de cuatro siglos para dar una exposición satisfactoria a esta doctrina. Es el gran teólogo africano Agustín de Hipona quien (hasta la fecha) ha dado el mejor tratado sobre la Trinidad. Lo hizo en los primeros años de los cuatrocientos (siglo quinto). Debido a que hoy en día se repiten los mismos errores que se propagaban en tiempos de la iglesia primitiva (por ejemplo, los Testigos de Jehová enseñan las mismas doctrinas que enseñó el arrianismo [de Arrio, 256-336], nos conviene saber un poco de la historia de la doctrina de la Trinidad.

Historia de la doctrina

Son tres las herejías que provocaban las principales controversias en los primeros siglos de la teología cristiana: la monarquiana, la arriana y la macedoniana. La primera controversia trataba de la doctrina general de la Trinidad contra el unitarianismo, el patripasionismo, y el sabelianismo; la segunda contra las negaciones de la divinidad del Hijo, y la tercera contra las perversiones acerca de la divinidad y personalidad del Espíritu Santo. El desarrollo sigue el orden de Padre, Hijo, y Espíritu Santo, y las controversias produjeron expresiones doctrinales que la iglesia cristiana nunca ha abandonado.

Aunque el desarrollo de la doctrina de la Trinidad llegó a su punto más crítico en la controversia con Arrio, sus raíces se hallan en las respuestas con que la iglesia respondió a errores previos. La primera de esas controversias es la monarquiana. (Las controversias, lejos de ser dañinas o estorbos, fueron fuertes motivos para que la iglesia buscara la verdad de las Escrituras: Dios por medio de ellas le enseñó a la iglesia cómo encontrar la verdad). El monarquianismo, como forma de error, data desde la última parte del segundo siglo (entre 170 y 190). Fue Tertuliano quien le dio este nombre a la herejía. El término (de *mono* = uno y *arqué* = principio) fue un intento de describir la herejía, sin embargo, las intenciones de los monarquianos no eran del todo malas. Querían defender la unidad de Dios contra el politeísmo y esto los llevó a negar una trinidad personal, o sea, una trinidad de personas. La idea fue primeramente promulgada por un tal Teodoto, quien, alrededor del año 195, fue de Grecia a Roma y enseñó que Jesús nació milagrosamente de la virgen María y que fue un hombre recto y justo. Cuando fue bautizado por Juan en el río Jordán, el Espíritu Santo (a quien Teodoto llamó «Cristo») llegó a él, por lo que vino a ser «Jesucristo». «Jesús» entonces progresó en bondad, fue crucificado, y resucitó, y puede ser nuestro Salvador por el «Cristo» (el Espíritu

Santo que estaba en él y porque su obediencia fue completa. Dios entonces lo adoptó como Hijo. Los seguidores de esta idea se llamaron «adopcionistas». También son «monarquianos dinámicos», porque creen que Dios se revela como una energía o poder divino (dynamis) en Jesús. Esta idea está presente en distintas formas en las variedades del «modernismo» actual.

Otro tipo de monarquianismo es el modalista, comúnmente llamado modalismo. También se le llama «sabelianismo» por uno de sus principales promotores, Sabelio, quien dio la forma final a esta equivocada perspectiva de la Trinidad. El sabelianismo quería también proteger la unidad y singularidad de Dios, pero de una manera diferente del adopcionismo. Enseñó que Dios se reveló de tres distintas maneras, o modos. Primeramente se reveló como el Padre, creador de todas las cosas. También es el legislador que dio su ley a Israel. En segundo lugar, cuando Dios quiso efectuar la obra de la salvación, dejó de revelarse como Padre y tomó la forma o modo de Hijo. Luego, cuando la obra del Hijo fue completa, Dios tomó la forma, o modo, del Espíritu Santo. Según esta doctrina, pues, cada persona de la Trinidad es solamente un modo de su revelación.

En la iglesia moderna, el modalismo está relacionado con la manera de experimentar a Dios. A veces, dicen los modalistas modernos, lo experimentamos como Padre, pero en otras ocasiones como el Hijo, y también como el Espíritu Santo. Las personas de la deidad son, pues, modos de nuestra experiencia en Dios. Hay indicios de modalismo en algunas de las tendencias teológicas actuales, sobre todo en algunas formas de lo que se llama «barthianismo».

Otro criterio, y de más influencia, fue el del arrianismo (de Arrio, presbítero de la iglesia de Alejandría). Este niega la divinidad del Hijo y del Espíritu Santo. Lo que ellos enseñaban es, más o menos, lo que enseñan hoy en día los (llamados) Testigos de Jehová. El Hijo es un ser creado, tiene su principio y por ello no es eterno.

Es lo más importante de la creación, pues Dios creó el «logos» para que este pudiera crear el resto de la creación. El «logos» es entonces el primero y el más alto de todos los seres creados, pero no deja de ser un ser creado; el «logos» es una criatura.

La doctrina arriana de Cristo es aun muy inferior a la de los monarquianistas. En las doctrinas de estos, Jesús llega a ser «divino» por ser adoptado como Hijo, o porque tiene el valor de Dios, o es un «modo» de Dios. En el arrianismo (como entre los Testigos de Jehová actualmente) Cristo no es, de ninguna manera, Dios. El Espíritu Santo tampoco es Dios. Más bien es una «energía divina», la «fuerza viva» de Dios, como afirman los Testigo de Jehová, pero no es persona, y menos persona divina.

La primera respuesta, y de mayor influencia, a estas herejías fue la que dio Tertuliano (160-250). Su formulación proveyó el fundamento para la respuesta final que la iglesia, por medio de sus credos, daría al mundo. Tertuliano insistió en que hay solamente una sola naturaleza divina, y que el Padre, el Hijo, y el Espíritu Santo tienen en común esta sola naturaleza divina. Son separados y distintos, sin embargo, en cuanto a su persona. Entonces, hay solamente una naturaleza divina y tres personas divinas. En otros puntos tocantes a la relación entre las personas no fue tan atinado, enseñando una subordinación de la segunda y tercera personas de la Trinidad. No obstante, su contribución hacia la correcta doctrina es importante.

En la historia del desarrollo de la doctrina bíblica de la Trinidad se destaca una de las más grandes figuras en la historia de la teología cristiana: Atanasio. Llegó tarde a la controversia, pues nació en Alejandría en el año 300 y murió en la misma ciudad en 373. (Agustín de Hipona, quien hacia el final de la controversia dio a la doctrina su más completa expresión, nació en 354 y murió en 430.) Atanasio se opuso a las doctrinas de Arrio y sostuvo una larga lucha por el concepto correcto de la Trinidad. Sufrió la cárcel y el destierro por su insistencia en la formulación bíblica.

Aunque era relativamente joven en este tiempo, Atanasio jugó un papel importante en el concilio de Nicea y en la formulación del credo de Nicea. Este concilio fue el que primero formuló oficialmente la doctrina de la Trinidad, y el credo formulado por él (que lleva el nombre del lugar del concilio) sigue siendo la expresión oficial de la iglesia relativa a la doctrina de la Trinidad. El credo de Nicea debió haber sido la solución del problema, pero, lejos de ello, desencadenó una larga lucha, ya que los enemigos de la doctrina bíblica no se rendían fácilmente. De hecho, los sufrimientos de Atanasio, que fueron muchos, le sobrevinieron después del concilio.

La lucha tenía que ver con una sola palabra. La palabra en griego es homoousios (homo = mismo y ousios = sustancia). El credo dice que el Padre, el Hijo, y el Espíritu Santo son la misma sustancia. Los arrianos objetaban a esta formulación de la verdad bíblica; ellos querían la palabra homoiousios (homoi = semejante y ousios = sustancia). Los arrianos querían decir que el Hijo y el Espíritu Santo eran de una sustancia semejante a la del Padre, una doctrina bastante diferente de las afirmaciones de la Escrituras. La lucha tenía sus dimensiones políticas, ya que los gobernantes entraron en le debate siendo algunos de ellos partidarios de la teología arriana. El resultado fue que no solamente sufrió Atanasio como mártir sino también hubo que convocar cuatro concilios más para tratar el asunto.

El Credo de Nicea

> Creemos en un solo Dios Padre omnipotente, creador de todas las cosas, de las visibles y de las invisibles; y en un solo Señor Jesucristo Hijo de Dios, nacido unigénito del Padre, es decir, de la sustancia del Padre, Dios de Dios, luz de luz, Dios verdadero de Dios verdadero, engendrado, no hecho, consustancial al Padre, por quien todas las cosas fueron hechas, las que hay en el cielo y las que hay en la

> tierra, que por nosotros los hombres y por nuestra salvación descendió y se encarnó, se hizo hombre, padeció, y resucitó al tercer día, subió a los cielos y ha de venir a juzgar a los vivos y a los muertos. Y en el Espíritu Santo.
>
> Mas a los que afirman: Hubo un tiempo en que no fue y que antes de ser engendrado no fue, y que fue hecho de la nada, o los que dicen que es de otra hipóstasis [palabra griega que significa sustancia] o de otra sustancia, o que el Hijo de Dios es cambiable o mudable, los anatematiza la iglesia católica.

Después Atanasio, cuyos últimos años pasó en paz y quien no vivió para ver la victoria de su lucha por la correcta doctrina, tres grandes teólogos tomaron parte en el debate. Han entrado en la historia como «los tres capadocios», debido a que los tres fueron de Capadocia. Son Gregorio de Nisa, Basilio de Cesarea, y Gregorio de Nazianzo (los tres lugares son pueblos en Capadocia). Cuando hicieron su trabajo eran todavía teólogos jóvenes y pasaron su vida defendiendo la ortodoxia nicena. El efecto de su trabajo en el consenso en la iglesia fue enorme, y la iglesia tiene que estar agradecida a Dios por ellos.

El fin del asunto

Aunque en la iglesia siempre ha habido herejías, y todavía existen, la doctrina de la Trinidad quedó afirmada en una serie de concilios que la definieron cuidadosamente. Los concilios son de Constantinopla en 381, de Éfeso en 431, y de Calcedonia, en 451. Los últimos dos, sin embargo, no se ocuparon tanto de la doctrina de la Trinidad como de la persona y naturaleza de Cristo, doctrinas íntimamente relacionadas con la doctrina de la Trinidad. Fue realmente el concilio de Constantinopla el que dio fin a la formulación de la doctrina. La obra de Agustín de Hipona empezó en estas fechas. Él pudo defender esta doctrina y darle una expresión teológica que es válida hasta el día de hoy.

10
LA COMPRENSIÓN DE LA DOCTRINA DE LA TRINIDAD

Las controversias que hubo en la iglesia primitiva no se debieron a la disposición cristiana de discutir. Los cristianos suelen dejar la impresión de que las discusiones reñidas les agradan; pero las controversias teológicas no se explican por esta tendencia. Más bien se deben a que el cristiano tiene una dedicación a la verdad y está dispuesto a entrar en batalla por ella. El hecho de que pelee a favor de la verdad con todo ardor y poca discreción no mengua su dedicación a la verdad. Su dedicación y la importancia de la verdad en cuestión pueden provocar insospechados bríos en la lucha.

La cuestión trinitaria fue una de las controversias más reñidas en la historia de la iglesia. Esto se debió no a la maldad de los contrincantes sino a la importancia del asunto y a las convicciones de los creyentes. La discusión fue práctica en extremo. Tenía que ver con el interés básico del ser humano: su salvación. La pregunta, en efecto, era: ¿Puede salvarnos cualquier tipo de Dios? La respuesta fue clara: ¡No, solamente el Dios de la Biblia, el Dios trino: Padre, Hijo y Espíritu Santo, puede salvarnos!

La salvación, tal como la Biblia nos la presenta, es obra de las tres personas de la Trinidad. Solamente un Dios trino puede efectuar la salvación que la Biblia nos ofrece. Si Dios no es trino, la salvación que vemos en la Biblia no puede ser una realidad. La realidad de nuestra salvación depende de que Dios sea tal como se nos presenta en la Biblia: una Trinidad —Padre, Hijo y Espíritu

Santo. La doctrina de la Trinidad es de suma importancia práctica para cada cristiano.

Con toda su profundidad, la doctrina de la Trinidad es sencilla, aunque no la podemos entender bien ni explicarla. La verdad es que hay solamente un Dios. Somos monoteístas de la índole más estricta. Sin embargo, afirmamos con la Biblia que el Padre es Dios, el Hijo de Dios, y el Espíritu Santo es Dios. Son igualmente Dios, pero hay solamente un Dios.

Analogía inadecuadas

Entendemos lo nuevo en términos de lo previamente conocido. Comparamos lo desconocido con lo que ya sabemos, y esto nos da pautas para comprender nuevos conceptos. Así procede nuestro aprendizaje. Pero, los métodos usuales no nos bastan par entender la doctrina de la Trinidad, ya que Dios es tan diferente de su creación que no encontramos en ella ilustraciones de su ser. Algunos teólogos han llamado a esta diferencia «una diferencia cualitativa infinita». No podemos sacar conclusiones acerca de la naturaleza de Dios simplemente por observar su creación, aunque sí es verdad que la creación nos da cierto conocimiento de Dios: su poder, sabiduría, etc. La naturaleza de Dios es conocida solamente por la directa revelación especial de Dios; no por inferencia nuestra basada en la observación de la creación. Tenemos que poner énfasis en esto porque hay algunas ilustraciones (o analogías) que suelen usarse para ayudarnos a comprender la doctrina de la Trinidad. Estas ilustraciones no son malas; no son incorrectas; pueden ser útiles. Pero son inadecuadas; no bastan; no son suficientes para ilustrar todo lo que es la Trinidad. Sin embargo, pueden aclarar nuestro pensamiento y abrirnos el entendimiento. Por eso las mencionamos. En conjunto disponen la mente para recibir la verdad de la Trinidad.

La primera de esas analogías es la del agua. El agua es una sola sustancia, aunque existe en tres formas: hielo, líquido, y vapor.

No hay tres aguas, sino una; cada una de las formas es agua verdadera y cada forma es legítima. Esto ilustra, por analogía, un aspecto de la verdad de la Trinidad. La analogía falla, sin embargo, en que la misma agua no puede existir en las tres formas a la vez. Un vaso de agua puede estar en cualquiera de las tres formas pero no puede estar en las tres al mismo tiempo. Las tres personas de la Trinidad son tres personas que existen como una sola sustancia a la vez. Vemos entonces que la analogía es inadecuada.

Otro ejemplo que se ha usado para ilustrar la Trinidad es el del gobierno, sobre todo donde las distintas funciones del mismo están separadas. Las tres distintas ramas —ejecutiva, judicial, y legislativa— funcionan por separado pero en conjunto, y el gobierno es la combinación de las tres. La dificultad con este ejemplo consiste en que cada parte del gobierno es precisamente una parte, y las tres personas de la Trinidad no son distintas partes de Dios que en su conjunto compongan a Dios, pues Dios no es un compuesto. Esta analogía, aunque pueda ayuda un poco para abrir el entendimiento, también es inadecuada.

Otra analogía, más débil aun, es la de una persona que es padre (o madre), hijo (o hija), y marido (o esposa) a la vez. Muestra, sin duda, algo de la idea de pluralidad (o trinidad) en singularidad; pero debido a que es la misma persona que tiene los tres papeles y no tres personas en un solo ser, esta analogía resulta asimismo inadecuada.

Aunque ha habido más intentos de encontrar analogías para entender la Trinidad, todos van por los mismos caminos que hemos ilustrado con los anteriores ejemplos. Mencionamos estos porque son típicos de los más usuales. Sin embargo, aunque toda analogía es inadecuada, no son totalmente inútiles. Abren la mente para pensar en otras categorías y nos disponen a la recepción de una idea tan ajena a nuestra experiencia. Lo que nos conviene no es necesariamente entender la Trinidad, sino acoger esta doctrina como una revelación de Dios acerca de cómo es Él.

Términos empleados

Parte de nuestra dificultad para entender la doctrina de la Trinidad es la limitación de nuestro lenguaje. Precisamente porque el lenguaje encuentra su sentido en nuestra experiencia, y porque no experimentamos la Trinidad aparte de nuestra experiencia con el Dios de la Biblia en su autorrevelación como Trino, tenemos estas dificultades. Por esto tenemos que volver la atención a los términos que usamos para acentuar el hecho de que no les damos el mismo sentido que cuando hablamos de nuestra experiencia cotidiana. Desde luego, no son usos totalmente diferentes, ni usamos el lenguaje en un sentido nuevo. Lo que ocurre es que empleamos algunos aspectos de las palabras que apenas usamos en el habla diaria.

El principal de estos términos es la palabra «persona». Es usual para nosotros pensar en ella como «persona física». «Persona», del latín, tiene su trasfondo en prosopón, del griego, y tiene una larga e interesante historia que se muestra en su etimología. Viene de *per* y *sonar*, «sonar por medio de». La palabra viene del teatro antiguo cuando un solo actor usaba varias máscaras para representar distintos personajes en la misma obra. La máscara representaba el personaje, o sea, la persona. La persona era lo que la máscara representaba, y su presencia no era la presencia física, sino una representación. La persona, o personaje, era lo que estaba representado. La persona se manifestaba por medio de la máscara junto con la voz y ademanes del actor. La persona se entendía en sentido de personaje y de personalidad más que en el de una entidad física.

Si escogieron bien o no, esta es la palabra que eligieron los teólogos de la iglesia en la época patrística (llamada así porque fue la de los «padres» de la iglesia, o sea, los primeros teólogos). Ya tiene larga tradición y sería imposible cambiar el término por decreto. Lo que nos incumbe, pues, es entender la palabra de acuerdo con las intenciones de los que primero la emplearon para hablar de la Trinidad. El sentido de la palabra en la teología de la iglesia primitiva no es el mismo del teatro griego, pero de allí se deriva.

Persona es, en el sentido griego, un núcleo consciente de características espirituales. Es un centro perceptivo, o sea, de «darse cuenta», de enterarse. En esta conciencia se conoce a sí mismo y se distingue de los demás, pero también se relaciona con el otro. Es el «yo» que puede relacionarse con el «tú». Cada una de las «personas» de la Trinidad puede decir «YO» significativamente, de la misma manera que puede relacionarse con cada una de las otras «personas» de la Trinidad llamándoles «TÚ». Cada persona de la Trinidad sabe quién es, y sabe también quién es cada una de las otras personas.

La palabra «sustancia» viene del latín *sub stare* = estar debajo. Es la traducción del griego *hupostasis* (hipóstasis), que quiere decir exactamente lo mismo. La palabra en griego, o en latín, no tiene la marcada connotación material que tiene entre nosotros. Cuando pensamos en sustancia pensamos, casi automáticamente, en algo material. Pero si decimos «la sustancia de su argumento es..., o la sustancia de su pensamiento..., o de su idea», entonces, el uso de la palabra estaría más cerca del empleo de los teólogos de la iglesia primitiva.

En nuestros días, el teólogo alemán (no siempre confiable) Paul Tillich, empleó la frase «fundamento de todo ser» para hablar de este concepto. Su frase tiene la ventaja de corresponder bien a la etimología de la palabra, pero no escapa a toda connotación de lo material. Tillich, al hablar de Dios con estos términos, trata bien con la palabra, pero no trata tan bien con Dios. Porque la idea de «fundamento de todo ser» da más bien la idea de un dios impersonal. Si tuviéramos que formular la doctrina hoy en día, es posible que empleáramos la palabra «esencia» y habláramos de la «divina esencia».

Cuando se hablaba de que las «personas» de la Trinidad eran de la misma «sustancia», se quería decir que las tres «personas» eran la misma «divinidad», y que eran la divinidad misma. El propósito de la expresión era el de dar énfasis al hecho de que el Padre, el Hijo, y el Espíritu Santo no son tres distintos tipos de ser, sino que son el mismo Dios.

Misterio

Decimos que la doctrina de la Trinidad es un misterio. Con esto no queremos decir que sea una doctrina difícil de entender; más bien que es imposible de entender sin las Escrituras. O sea, es una doctrina que se entiende solamente por revelación. Algunos filósofos de la Edad Media, cristianos por cierto, quisieron ver en los filósofos griegos la idea de la Trinidad. Fallaron, por supuesto, porque es ésta una doctrina que podemos afirmar solamente por la autorrevelación de Dios. Dios se presenta en las Escrituras como Trino, entendámoslo o no, y el único Dios, el verdadero, dice: «Así soy». Y nosotros afirmamos entonces: «Sí, Señor, así eres.» No es conclusión nuestra, sino una respuesta a la autorrevelación de Dios. Sabemos que Dios es Trino, pero solamente porque así se nos presenta en las Escrituras. Esto es lo que queremos significar cuando decimos que la doctrina de la Trinidad es un misterio.

Siendo, pues, esta doctrina un misterio, no se puede pensar en ella como fruto de argumento o especulación académica. No es resultado de investigaciones empíricas, de fórmulas matemáticas, de proceso de laboratorio; más bien es el fruto de un encuentro con el Dios que se revela en la Biblia, el Dios y Padre de Nuestro Señor Jesucristo, quien nos prometió y nos dio el Espíritu Santo. El cristiano confiesa con el Catecismo de Heidelberg (preg . y resp. #25):

> «Si no hay más que una esencia divina, ¿por qué nombras tres: Padre, Hijo, y Espíritu Santo?»
> «Porque Dios se reveló así en su Palabra...»

11
LA PRUEBA BÍBLICA DE LA DOCTRINA DE LA TRINIDAD

Hemos insistido en estas lecciones en que el «autorretrato» que Dios nos presenta en la Biblia es el de un Dios Trino. Dios se nos presenta en su revelación como una Trinidad. En esta lección queremos examinar algo de la prueba bíblica de esta afirmación. También queremos concluir nuestro estudio en forma de resumen, a fin de que nuestro pensamiento sobre Dios tenga siempre una forma trinitaria.

Referencias a la Trinidad

Una de las alusiones más indiscutibles a la Trinidad está en el bautismo de Jesús (Mateo 3.13-17; Marcos 1.9-11; Lucas 3.21,22). Allí vemos claramente la participación de las tres personas de la Trinidad. De la misma manera, el texto del Evangelio de Lucas en las palabras con que Jesús inicia su ministerio menciona las tres personas de la Trinidad (Lucas 4.16-21) cuando Jesús se aplica a sí mismo la profecía de Isaías 61.1,2. Las palabras de Jesús en la «gran comisión» Mateo 28.18,19) son otra referencia clara a la Trinidad. También la transfiguración (Mateo 17.1-13; Marcos 9.2-13; Lucas 9.28-36) hace referencia a una pluralidad de personas.

La bendición apostólica (2 Corintios 13.14) es otra manifestación clara acerca de la Trinidad, y el testimonio de Pedro (1 Pedro 1.1,2) se agrega al de Pablo. Estos dos textos aluden a la obra de la Trinidad en nuestra salvación.

La singularidad de Dios

Cuando hablamos de la «singularidad» de Dios nos basamos en el hecho de que la Biblia habla solamente de un Dios. Los textos y las referencias son innumerables, pero algunos son sumamente claros. Tenemos, por ejemplo, la famosa «shema» (oye) de Deuteronomio 6.4. Su eco en el Nuevo Testamento está en 1 Timoteo 2.5. Con la ayuda de una concordancia se puede hacer en breve tiempo una larga lista de textos que afirman que hay sólo un Dios.

Cristo (el Hijo) es llamado Dios

El Salmo 45 es sin duda uno de los grandes salmos mesiánicos. Así lo entendieron los judíos antes de Cristo y asimismo los discípulos en tiempos de Cristo y de los apóstoles. El versículo 6, por ejemplo, se aplica directamente a Cristo en Hebreos 1.8, 9. Pero lo que más nos llama la atención ahora está en el último versículo (17), donde se habla del nombre del Mesías, que será alabado eternamente y para siempre.

Los nombres del Mesías son una revelación de su ser. Cuando estudiamos la persona y obra del Mesías, tenemos que estudiar sus nombres. Estos nombres lo revelan como divino. Tanto el Mesías como Jehová son «el Santo de Israel» (Isaías 12.6; 41.14,16,28). De la misma manera, el nombre «el primero y el postrero» (Isaías 41.4; 44.6; 48.12) es aplicado a Dios y a Jesucristo (Apocalipsis 1.8,17,18; 22.13,16).

Pablo, en Romanos 9.5, declara sin titubeos que Cristo es Dios. Lo repite, de otra manera, en Colosenses 2.9 y asimismo en Filipenses 2.5,6. Tomás lo había dicho antes en Juan 20.28, y Pedro no se queda atrás: en 2 Pedro 1.1 dice que Jesús es nuestro Salvador y Dios (cf. vv. 11 y 17).

El profeta Jeremías dice (23.5,6) que el Cristo, Hijo de David, será llamado «Jehová justicia nuestra», y Pablo lo confirma en 1 Corintios 1.30, a pesar de que Dios había dicho (Isaías 42.8) que no dará su gloria o su nombre a otro. En el Salmo 102 se habla de Jehová y se menciona el nombre varias veces para que no pueda haber ninguna duda acerca de quién habla el salmista. Sin embargo, el salmo habla del Mesías, y el Nuevo Testamento lo aplica a Jesucristo (Hebreos 1.10-12).

En Isaías 54.5 Jehová es llamado el «marido» y Redentor de su pueblo, como también el «Santo de Israel» (cf. Jeremías 3.14). En el Nuevo Testamento Jesús es el Redentor y novio.

La identificación del Mesías incluye los nombres de «Dios fuerte» (o «Dios todopoderoso») y «Padre eterno» (Isaías 9.6). El Mesías, aun en la profecía, fue concebido como divino. En Tito 2.13 Pablo llama a Jesús el «gran Dios y Salvador». En Apocalipsis 20.12 la Biblia dice que todos estarán ante Dios en el juicio, pero en Juan 5.22 Jesús dice que el Hijo efectuará el juicio. No hay contradicción, si Jesús es el Hijo, es Dios.

Los atributos incomunicables de Dios y las actividades que solamente Dios puede realizar son dados también en la Biblia igualmente al Hijo y al Espíritu Santo (Hebreos 9.17; 1 Corintios 2.10; 6.9; Juan 6.3; 63; 16.13; 2 Timoteo 3.16). Las tres personas de la Trinidad tienen la misma gloria, la misma honra, y los mismos atributos.

El Espíritu Santo es Dios

Isaías 51.12 dice que Dios es el Consolador (*parakletos* en la Septuaginta), y en Juan 14 es el Espíritu Santo. El Salmo 33 dice que por la Palabra fueron hechos los cielos y por el aliento (*Ruach* = Espíritu) de su boca. Por el Nuevo Testamento sabemos que esta «Palabra» es el Hijo de Dios. En Job 33.4 la Biblia dice que «el Espíritu me hizo», o sea, el soplo (*Ruach* = Espíritu) del Omnipotente.

Jehová se identifica con su Espíritu (Números 11.25). El Espíritu es Dios mismo en Salmo 139.9, y es omnipresente. Sin embargo, aunque es idéntico a Dios, el Espíritu es distinto del Padre y del Siervo en Isaías 48.16; 61.1; 63.9,10.

Resumen

Habiendo estudiado la doctrina de la Trinidad en estas lecciones (que son suficientes), vale la pena resumir lo que hemos estudiado. Será como una especie de conclusión a estos estudios, que son esenciales para tener un concepto bíblico de Dios, a fin de que lo que pensamos sobre Dios corresponda a lo que Dios es. Decimos que Dios es trino —tri-uno— convencidos de que así Dios se autorrevela en la Biblia. Afirmamos, pues, la Trinidad, la triunidad de Dios.

Empezamos con la unidad de Dios: Dios es uno. Esta es una afirmación básica de toda la tradición judeocristiana. Somos monoteístas. Dios es uno, no varios. La unidad de Dios no es como la unidad de un matrimonio: Dios no es el resultado de la unión de entidades separadas.

La deidad de cada una de las tres personas —Padre, Hijo, y Espíritu Santo— se reconoce claramente en las Escrituras, y la tenemos que afirmar como un artículo de fe. Cada persona es cualitativamente lo mismo. El Hijo es divino exactamente de la misma manera que el Padre, lo que también afirmamos del Espíritu Santo.

No hay contradicción en afirmar que Dios es trino y uno a la vez. La supuesta contradicción es aparente, no real. Una contradicción real sería afirmar que Dios es uno y no uno a la vez; o que es trino y no trino a la vez. Dios es, contra todo los modalismos, tres todo el tiempo y en cada momento. Contra todo triteísmo, afirmamos que Dios es uno todo el tiempo y en cada momento. Nunca deja de ser uno, y nunca deja de ser tres. Aunque no lo entendemos, no hay contradicción. La iglesia, en su lucha por expresar esta verdad, encuentra la solución en afirmar que Dios es uno y trino en maneras un poco diferentes. Para decirlo, la iglesia emplea los términos «persona» y «sustancia». En persona Dios es tres: en sustancia es uno. El problema de entender completamente el significado de estos términos no está solamente resuelto, pero la comprensión de la iglesia es suficiente para afirmar que esta doctrina es un reflejo válido de la autorrevelación de Dios en la Biblia.

La Trinidad es eterna. No solamente afirmamos que Dios es eterno sino también que eternamente Dios es trino. Siempre ha habido tres: Padre, Hijo, y Espíritu Santo; y todas estas personas siempre han sido igualmente divinas. Ninguna de ellas llegó a ser en un punto del tiempo, ni llegó a ser divina en un momento histórico. Nunca ha habido una alteración en la naturaleza divina; siempre ha sido lo que es y lo que será.

Puede haber una subordinación aparente (no real) en cuanto a la revelación de las obras de cada persona de la Trinidad. La manifestación en el tiempo de sus «funciones» particulares puede dejar la impresión de una subordinación, pero en esencia las tres personas de la Trinidad son eternamente iguales. Cada una de las personas tiene su función (o papel) particular, pero esto no implica ninguna subordinación en su esencia.

La doctrina de la Trinidad es incomprensible. O sea, es un misterio. Sin embargo, la revelación es suficiente para afirmar la verdad de la doctrina. Dios es infinito y nosotros somos limitados en nuestro entendimiento y en nuestra comprensión. La doctrina de la Trinidad va más allá de la razón, pero no está en conflicto con la razón. La doctrina de la Trinidad excede a nuestra capacidad de saber y entender; pero nuestras limitaciones no son razón para negar la clara revelación de Dios.

La dificultad en relación con la doctrina de la Trinidad no está tanto en el conocer a Dios tal como se revela; sino más bien en los límites del lenguaje humano para expresar lo que podemos conocer por la revelación de Dios. El uso de los términos en otras áreas de la vida, con otras connotaciones, estorba nuestra expresión. Aquél que nos llama a conocerle se nos presenta por medio de su revelación a nuestra conciencia; podemos aprender lo que dice, pero no podemos comprenderlo. Podemos responder significativamente a lo que sabemos, pero no podemos explicar lo que sabemos. Agustín de Hipona, que de todos los teólogos fue el que logró decir más sobre esta doctrina, llegó a la conclusión de que la razón por la cual hablamos de la Trinidad no es porque tengamos algo que decir sobre el asunto, sino porque, a pesar de lo inadecuado del habla humana, tenemos que decir algo.

APÉNDICE

LA SEGURIDAD DESCANSA EN EL CONTROL DIVINO

Rolando Gutiérrez-Cortés

Salmos 40.1-3; 98.1-3; 149; Apocalipsis 5.1

Más allá de la ansiedad del presente

Los problemas de la iglesia y las luchas cotidianas suelen ser una amenaza que pretende arrebatarnos la alegría de vivir: no podemos contemplar un paisaje, ni escuchar con deleite, ni gustar con tranquilidad, ni aspirar un perfume, ni acariciar con ternura el inocente rostro de algún niño que demanda nuestro amor. Turbados, aturdidos, y ofuscados por que el mundo no camina como nosotros queremos o como nosotros creemos que debe ser, nos hipotecamos con preocupaciones que nos roban la tranquilidad y el sueño. Es la amenaza que tenemos como cristianos; por ello es que se padecen los problemas de la iglesia a la par que las luchas cotidianas. No se excluye el problema de la culpabilidad que, como en el caso de David, puede robarnos nuestra plenitud en el Señor para tener luego que exclamar: ¡Vuélveme el gozo de tu salud y tu espíritu libre me sustente!

Es razonable que estemos tristes en nuestro espíritu por un pecado en el que hemos ofendido al Señor, pero no que perdamos nuestra alegría de vivir por la ansiedad del presente. La voluntad suprema es la de Dios, no la de nosotros; y la palabra infalible es la de Él, no la nuestra. No pasemos por alto la gran verdad de que nuestro destino está en Sus manos, más allá de nuestras perspectivas, de lo que pensamos, queremos, o esperamos de otros.

Seguros bajo su control

Desde niños escuchamos oraciones de hermanos que decían al Señor: «Guárdanos en el hueco de tu mano». Nosotros hemos repetido también esta expresión en relación filial con nuestro Dios. Así nos sentimos seguro como el visionario de Patmos cuando vio «en la mano derecha del que estaba sentado en el trono un libro escrito por dentro y por fuera, sellado con siete sellos» (Apocalipsis 5.1). Vio en el libro el destino de sus sellos la seguridad que entrañaba para las iglesias y el mundo. Por ello lloró como niño al querer conocer su contenido, pero aún le estaba vedado. Sin embargo puede oír el cántico de magníficos coros al contemplar que aquel libro era confiado a las manos del Cordero.

Todo ello señala una gran seguridad: tiene al Padre por autor, su verdad por aval de sus juicios, y todos los designios en él escritos los sujeta a la voluntad de su Cristo, quien ha muerto, resucitado, y está a la misma diestra suya en virtud de nuestra redención. Nuestro destino está seguro por su santa voluntad; en las manos del Hijo y no en las de los hombres. Solo el Hijo puede saber y declarar la situación de nuestras relaciones con el Padre, como iglesia y como mundo. Aquí no hay cabida para «médiums», ni lugar para otros medios, sino solo para Cristo. Solamente Él es que revela el propósito de Dios para nosotros con verdad absoluta, poder perfecto que se manifiesta con los siete cuernos en la cabeza del Cordero, y conocimiento perfecto que se manifiesta en los siete ojos, que designan la vigilancia permanente que ejerce sobre los suyos. Estamos seguros bajo su control.

Amparados por su vigilancia

La plenitud del poder y del conocimiento nos garantizan, en medio de los problemas y las luchas cotidianas, que la vigilancia de Cristo es nuestro amparo. Uno por uno se abrirán los sellos y uno por uno se cumplirán sus juicios; pero tanto unos como otros surgen de la voluntad de nuestro Padre y están sujetos a la voluntad de nuestro Señor. ¿Cómo explicar la turbación de nuestros espíritus, del gozo de nuestras almas o de la alegría de nuestro vivir, si estamos guarecidos al amparo que nos ofrece la seguridad de su presencia y vigilancia perfectas? Es menester atender a la dignidad del Cordero que proclamamos como el amor encarnado de Dios, la salvación perfecta de su muerte, y el rescate que nos ha dado como herencia para que vivamos en plena libertad en Él.

Ninguna preocupación temporal debe enturbiar la dimensión eterna de su amor. Ninguna lucha cotidiana debe opacar el gozo de nuestra salvación. Ninguna ansiedad del presente, causada por nuestras propias perspectivas, debe limitarnos en el ejercicio amoroso que se manifiesta en el gozo de compartir con nuestros hermanos, a causa de la libertad que hemos recibido.

Con un cántico nuevo

Saber que los juicios de Dios son perfectos nos da confianza plena. Saber que el único digno de abrir el libro y desatar los sellos de los juicios de nuestro Dios es el Hijo de su amor nos da seguridad. Pero recordar que Él ha vencido para abrir este libro y desatar los sellos pone en nuestros labios un canto de victoria y en nuestra visión la percepción clara de su poder y sabiduría, hacia la que se elevan las oraciones de los santos que Él ha redimido con su sangre. Esta es la razón del cántico nuevo que fue anunciado en los Salmos, pero cuya novedad, más que por el tiempo, está en su clase, ya que si es nuevo es en virtud de su obra de redención.

La naturaleza del cántico es de libertad, donde se expresa la gratitud de un pueblo que se sabe rescatado. La causa del cántico es en la congregación de los santos: la alegría de su pueblo, el gozo de sus siervos, la alabanza a su nombre, el contentamiento que Él experimenta en el júbilo del corazón de los suyos, el hermoseamiento de los humildes, la exaltación que se eleva de sus gargantas, y la obediencia con que responde a sus designios. El fin del cántico es para Él (cf. Sl 40; 98; 149).

Cuando el pueblo del Señor encarna el testimonio mismo de Dios, anuncia como un solo hombre que «nuestro destino está en sus manos», pero sabiendo que es un destino que se ha de vivir con seguridad y alegría.

Centrados en la visión del trono

Antes que vivir ensimismados en nuestras propias perspectivas, hemos de vivir enfocados en la visión del trono. Ningún pensamiento nuestro es superior a los de Dios. Ningún anhelo nuestro ha de estar por encima de su santa voluntad. Ninguna creencia nuestra sobre lo que debe ser el mundo puede pretender superar los designios de nuestro Dios que Él está cumpliendo. Por eso es menester enfocar la visión del trono donde reina el Padre y el Cordero que lo ha dado todo por nosotros. Nuestro destino está seguro. Nuestro destino está en Sus manos. Ello implica lo que vivimos como personas, lo que compartimos como familia, lo que sufrimos como iglesia, lo que vislumbramos estando en el mundo.

No perdamos nuestra alegría de vivir por ningún problema temporal y menos aun olvidemos que, más allá de la ansiedad del presente, nos hemos de mover seguros bajo su control, amparados por Su vigilancia, con un cántico nuevo, y centrados en la visión del trono. Porque nuestro destino está seguro: está en Sus manos.

EL VALOR DE LA DOCTRINA DE LA TRINIDAD

Oliver Buswell

No debemos pensar en la doctrina de la Trinidad como tanto equipaje que estamos obligados a llevar sólo porque la Biblia la enseña y porque Dios se ha revelado a sí mismo en el proceso de la historia como tal. Esta doctrina es indispensable para la armonía y unidad de otras doctrinas mayores en el sistema cristiano.

(a) La doctrina de la Trinidad provee el único medio por el cual podemos racionalmente concebir a Dios existiendo en la eternidad antes de la creación del mundo finito. No iría al extremo de algunos en decir que una personalidad no podría existir sin un objeto, pero estaría de acuerdo, sí, en que es difícil, si no imposible, que concibamos un sujeto personal sin objetividad.

Agustín pensó que la cuestión de las actividades de Dios antes de la creación era una «cosa profunda», contestada correctamente al decir que no había tiempo «antes de la creación», porque el tiempo empezó cuando la creación se realizó. Agustín se resiente por cierta respuesta como burlona:

> ¿Qué hacía Dios antes de la creación del mundo? Pues, no como dicen que respondió otro, burlándose, huyendo de la dificultad y diciendo que entonces estaba Dios preparando los tormentos del infierno para los que pretenden averiguar las cosas altísimas e inescrutables. Una cosa es reír y otra enseñar. Así, no respondo lo que aquel, pues con

> más gusto respondería: «No lo sé», aunque efectivamente lo ignorara, que responder una chanza con que se vea burlado el que preguntó cosas muy altas y alabado el que respondió falsas (*Confesión*, libro XI, cap. 12).

Calvino, por el contrario (*Institutos 1*, XIV) se resiente de esta pregunta como impertinente y piensa que esta es una contestación adecuada. Él, francamente, presume que hubo algún tiempo antes de la creación, según las Escrituras del cual no sabemos nada sino lo que estas revelan. Calvino dice:

> No sería legal ni oportuno inquirir por qué razón Dios la demoró tanto; porque si la mente humana trata de penetrarla, fallará cien veces en el conocimiento de lo que Dios mismo ha ocultado a propósito para probar la modestia de nuestra fe. Cierto ancianito devoto mostró gran astucia cuando un burlón preguntó cómicamente lo que Dios había estado haciendo antes de la creación del mundo. Él replicó que había estado haciendo el infierno para los hombres demasiado curiosos. Esta admonición, no menos grave que severa, debe reprimir el desenfreno que estimula a muchos y los impele a especulaciones perversas y dañinas.

No estoy de acuerdo con Agustín en que el tiempo —es decir, la mera posibilidad abstracta de secuencia en la relación de antes y después— empezó con la creación de la materia finita. Por otro lado, el reproche de Calvino de la indagación especulativa en este mundo, es uno de los pocos lugares en que no puedo seguirlo. Estoy a favor de la mente inquisitiva. Me parece que no hay impropiedad en especular en cuanto a Dios antes de la creación del mundo finito. En realidad, el Salmo 90 guiará mi mente justamente a estas especulaciones.

El gran físico y filósofo de la generación pasada de la Universidad de Cambridge, Sir Arturo Eddington (1882-1944), aunque sostuvo que el universo material tuvo un principio, no aceptaba la doctrina de la creación por un Dios personal, porque no podía concebir un sujeto personal que existiera por toda la eternidad pasada sin un objeto, para luego, de repente, crear un universo. Esto, dijo, implicaría una falta de continuidad en el mismo ser de Dios. Por supuesto, Eddington (y ha habido otros pensadores que luchado con el mismo problema de una manera similar) estaba pensando solamente en el concepto unitario de Dios. Creo que tenía razón al decir que tal concepto carece de consistencia.

No obstante, la doctrina de la Trinidad elimina completamente esta dificultad. Si «hay tres personas en la divinidad: el Padre, el Hijo, y el Espíritu Santo; y estas tres personas son un solo Dios, las mismas en sustancia, iguales en poder y en gloria», entonces la subjetividad de Dios desde toda la eternidad pasada, los atributos personales del amor y la autoexpresión en confraternidad, tenían infinita objetividad.

En otras palabras, la doctrina de la Trinidad, lejos de ser una dificultad filosófica o una carga al pensamiento cristiano, es el único modo razonable por el cual podemos pensar en la existencia de Dios en la eternidad pasada.

b) La doctrina de la Trinidad es el único modo por el cual nuestras mentes humanas pueden concebir la ejecución de la expiación que Cristo ha hecho por nuestros pecados. Sin esta doctrina sería difícil para nosotros concebir la existencia de una Persona «infinita, eterna e inmutable en su ser, sabiduría, poder, santidad, bondad, justicia y verdad». No podríamos reflexionar en una persona que, conservando todos sus atributos esenciales de Deidad, literalmente llegó a ser miembro de nuestra especie en la historia. Que esa Persona confrontó nuestra especie humana con el amor de Dios en una vida terrenal; que nosotros, la especie humana, lo clavamos en la cruz, lo colgamos allí, mientras lo ridiculizábamos y burlábamos. Que llevó literalmente nuestros pecados en su cuerpo sobre el madero, muriendo en el acto de perdonar, cuando merecíamos ser echados al castigo eterno; que literalmente fue al lugar de los muertos mientras su cuerpo permaneció en la tumba; que se levantó de entre los muertos en su cuerpo de resurrección; que ascendió al «país lejano, para recibir un reino», y que él volverá (Lc 19.12) y reinará sobre su reino. Sería imposible que nuestras mentes se apoderaran de todos estos hechos relacionados con la expiación de Cristo, excepto en términos de la Deidad Trina. «Porque de tal manera amó Dios [Padre] al mundo, que ha dado a su Hijo unigénito [la Segunda Persona de la Trinidad], para que todo aquel que en él cree [por medio de la convicción del Espíritu Santo, Jn 16.8; Ef 2.8] no se pierda, mas tenga vida eterna» (Jn 3.16).

c) La doctrina de la Trinidad ilustra el significado de la comunión cristiana con Dios. «Mirad cuál amor nos ha dado el Padre, para que seamos hijos de Dios» (1 Jn 3.1). Los versículos de Juan 17 ya citado contribuyen a este tema. El hecho de que Dios sea Padre, Hijo, y Espíritu Santo prueba que es un Dios de amor y de comunión. Las palabras de Cristo, como las que tenemos en que Dios se propone tomarnos en comunión consigo mismo, que debemos ser miembros de la familia de la fe, de la familia de Dios.

Por supuesto que somos finitos; somos creados, mientras que las Personas de la Trinidad son infinitas en sus perfecciones, eternas y no creadas. Sin embargo, debemos estar anonadados por la maravilla del pensamiento de que Dios, que es un Dios de amor y de comunión, nos creó para comunión consigo mismo. Pensemos en las posibilidades infinitas del futuro, la contemplación de las riquezas infinitas del amor, conocimiento, y desarrollo personal que se extienden delante de nosotros en el reino eterno de Dios. ¿Cómo puede uno con tal herencia ser llevado por los desatinos y la locura de una vida humana?

Recuerdo muy bien un sermón predicado por Billy Sunday en la ciudad de Chicago hace muchos años, sobre el texto de 1 Samuel 10.22: «Él está escondido entre el bagaje». Cuán vívidamente pintó el cuadro de la figura gigantesca de Saúl, el rey, arrastrándose por algún escondrijo entre el bagaje, cuando una corona esperaba a su cabeza. Este es un cuadro de la locura de uno que da la espalda a la invitación del evangelio. Le es ofrecida a uno una corona si uno la recibe. Estamos invitados a hacernos miembros de la familia del Rey de reyes y Señor de señores.

J. Olivier Buswell, *Teología Sistemática,*
LOGOI, pp. 107-110

LA TRINIDAD Y EL PROBLEMA DE LA EXISTENCIA

Francis Schaeffer

De vez en cuando, en mis disertaciones, alguien me pregunta cómo puedo creer en la Trinidad. Mi contestación siempre es la misma. Si no existiese la Trinidad, todavía sería agnóstico, ya que no existirían respuestas. Sin el alto orden de unidad y diversidad personales que hallamos en la Trinidad, no existirían respuestas.

Volvamos a lo infinito-personal. Mirando desde el plano de la infinitud de Dios, hay un gran abismo entre Él por un lado, y el hombre, el animal, la flor, y la máquina por el otro.

Visto desde el plano de su infinitud, Dios está solo. Él es el otro absoluto. Él es, en su infinidad contrario a todo lo demás. Se diferencia de todo lo demás porque solamente Él es infinito. Él es el creador, todo lo demás fue creado. Él es infinito, todo lo demás es finito. Todo lo demás fue aportado por la creación, por lo que todo ello es dependiente, y solo Él es independiente. Esto es absoluto visto desde el plano de su infinitud. Por lo tanto, en cuanto a este aspecto de Dios, el hombre está tan separado de Él como lo está el átomo, o cualquier otra porción mecánica del universo.

Pero visto desde el plano de lo personal que es Dios, el abismo está entre el hombre y el animal, la planta y la máquina. ¿Por qué? Porque el hombre fue hecho a la imagen de Dios. Esto no es únicamente «doctrina». No se trata de un dogma que tenga que repetirse continuamente, como diría McLuhan. Esto es una realidad en las profundidades del problema. El hombre está tan separado de Dios como lo está el átomo o cualquier otro objeto limitado del universo. Así que sabemos por qué el hombre es finito y a la vez personal.

No se trata de que esta sea la mejor solución del enigma de la existencia; es que es la única solución. He aquí por qué debemos mantener nuestra cristiandad con la integridad intelectual. La única explicación de lo que existe es que Él, el Dios infinito-personal, está realmente presente.

Desarrollaremos un poco más la segunda parte: la unidad y diversidad personales en el alto orden de la Trinidad. Einstein enseñó que la totalidad del mundo material podía ser reducida a electromagnetismo y gravedad. Al final de su vida anduvo buscando una unidad entre ambas cosas, algo que uniese el electromagnetismo y la gravedad, pero nunca lo halló. ¿Y qué hubiera sucedido si lo hubiese hallado? Se hubiera tratado únicamente de unidad en diversidad respecto al mundo material, y como tal, hubiese carecido de significado. Nada hubiese quedado arreglado, porque la necesidad de unidad y diversidad con relación a la personalidad no se habría afectado.

Si hubiera conseguido unir el electromagnetismo y la gravedad, tampoco hubiese conseguido explicar la necesidad de unión y diversidad personales.

Por contraste pensemos en el Credo Niceno: tres personas, un Dios. Alegrémonos de que escogieran la palabra «persona». Independientemente de si os dais cuenta o no de ello, esto fue la catapulta que lanzó el Creo Niceno a nuestro siglo y a sus discusiones: tres personas en existencia, amándose unas otras, en comunicación unas con otras, antes de que todo lo demás existiese.

Si esto no hubiese sido así, hubiésemos tenido un Dios que necesitaría crear para amar y comunicarse. En tal caso Dios necesitaría al universo tanto como el universo necesita de Dios. Pero Él no necesitaba crear, Dios no necesita al universo como el universo lo necesita a Él. ¿Por qué? Porque tenemos una completa y verdadera Trinidad. Las personas de la Trinidad se comunicaban entre sí, y se amaban unas a otras, antes de la creación del mundo.

Esto no es solamente una respuesta a la aguda necesidad filosófica de unidad en la diversidad, sino a la unidad y diversidad personales. La unidad y la diversidad no pueden existir antes de Dios ni subsistir después de Él, porque por mucho que se retroceda siempre se halla a Dios. Pero con la doctrina de la Trinidad, la unidad y la diversidad son Dios mismo: tres personas, aunque un solo Dios. Esto es la Trinidad, y no menos que esto.

Debemos agradecer que nuestros antepasados cristianos comprendieran bien esto en el año 325 d.C., cuando recalcaron las tres personas de la Trinidad, tal como claramente lo declara la Biblia. Observemos que ellos no inventaron la trinidad para dar respuesta a las cuestiones filosóficas que los griegos de aquellos tiempos entendían muy dinámicamente. Es precisamente todo lo contrario. El problema de la unidad y la diversidad existía, y ellos vieron que en la Trinidad, tal como se enseña en la Biblia, tenían una respuesta que nadie más tenía. Ellos no inventaron la Trinidad para hacer frente a la necesidad; la Trinidad ya existía y hacía frente a la necesidad. Ellos comprendieron que en la Trinidad tenemos todo lo que estas personas están discutiendo y definiendo, pero para lo que no tienen respuesta.

Indiquemos una vez más que esta no es la mejor respuesta, es la única. Nadie más, ni los filósofos, nos han dado jamás una respuesta a la cuestión de la unidad y la diversidad.

Por eso, cuando las gentes nos preguntan si intelectualmente nos sentimos apenados por la cuestión de la Trinidad, yo siempre les remito a su propia terminología: unidad y diversidad. Todos los filósofos tienen este problema y ninguna filosofía tiene la respuesta. La cristiandad tiene una respuesta en la Trinidad. La única explicación de lo que existe es que él, el Dios trino y uno, está presente.

Francis Schaeffer, *Él está presente y no está callado*,
Miami: LOGOI, 1974, pp. 27-30

LA CREACIÓN, LA EXISTENCIA Y EL CARÁCTER DE DIOS

Francis A. Schaeffer

En contraste con la mayor parte del pensamiento teológico moderno y todo el oriental, Génesis deja claro que el mundo como lo tenemos no es una extensión de la esencia de Dios. El hecho de la creación evita esta idea. Toda la tradición judaico-cristiana tiene sus raíces en esta porción de la Biblia misma, y toda la Biblia misma da testimonio constantemente de esa idea. El mundo no es simplemente un sueño de Dios sino que realmente está ahí, separado de Dios y poseído de una realidad objetiva. El universo delata lo que Dios es. De hecho, habla en voz alta y con claridad de lo que Dios es en cuatro áreas distintas.

EN PRIMER LUGAR, el mundo externo, aun en su condición presente desde la caída, habla de la existencia misma. Como he señalado antes con respecto a Jean Paul Sartre, el problema filosófico básico es que algo está ahí más bien que nada. El ser existe. Por tanto, la primera cosa de la que el mundo externo, objetivo, habla es de la existencia de Dios como verdadero ser. Esto es, el universo está ahí.

EN SEGUNDO LUGAR, el universo tiene orden. No es un caos. Es posible partir de lo particular del ser hasta cierta comprensión de su unidad. Es posible moverse más profunda y ampliamente dentro del universo y sin embargo no llegar nunca a un precipicio de incoherencia. Esto se enfatiza en Génesis 1 al señalar que Dios hizo todas las cosas para producir según su propia especie. Esto es orden. Y así es el Dios de las Escrituras. No es el «otro filosófico», ni el todo impersonal, ni eso que es caótico o fortuito. Él es un Dios (y uso esta palabra con cuidado y con adoración) RAZONABLE.

EN TERCER LUGAR, el universo habla del carácter de Dios. Dios no solo es un Dios de orden y de razón, sino que Dios también es bueno. Creó un universo que es todo bueno, y, como originalmente vino de Dios por mandato (*fiat*), esto también habla de Él.

EN CUARTO LUGAR, el universo habla del carácter de Dios. Cuando Dios hizo al hombre a su propia imagen, declaró algo acerca de sí mismo más completamente que en cualquier otra parte de todo el universo. También los ángeles hablarían de Dios como persona, pero el énfasis bíblico es sobre el hombre, y es el hombre al que todos conocemos. En medio de aquello que es, hay algo personal: el hombre. Y esto da evidencia de la personalidad del gran Creador de todo. Si Dios hubiese detenido su creación con la máquina o la planta o el animal, no hubiese habido tal testimonio. Pero al hacer al hombre a su propia imagen, el Dios trino que se comunica y que ama, antes de la creación de todo lo demás, creó algo que refleja su personalidad, su comunicación, y su amor. Dios puede comunicarse con el hombre porque, a diferencia del no-hombre, el hombre ha sido hecho a imagen de Dios. El hombre es un ser locuaz. Piensa en propósitos, y Dios puede comunicarse con él de forma verbal e intencionada.

En Génesis 2.16, 17, por ejemplo, leemos: «Y mandó el SEÑOR Dios llamó al hombre y le dijo: ¿Dónde estás tú?» (Gn 3.8,9). Después que Adán y Eva contestaron a sus preguntas, Dios les dirigió una serie de grandes afirmaciones intencionadas. El hombre mantuvo una comunicación con Dios tanto antes como después de la caída.

Es igualmente cierto que los hombres se comunicaron entre sí. Cada vez que un hombre se comunica con otro, sabiéndolo o no, aunque sea el mayor blasfemo que jamás haya existido o el ateo que maldice a Dios, aun cuando maldiga o diga: «No hay Dios», da testimonio de lo que Dios es. Dios ha dejado un testigo de sí mismo que no puede ser eliminado.

El universo habla, por tanto, de la existencia del ser. Habla de orden y razón. Habla de un Dios bueno y razonable, y habla de un Dios personal.

El fin del hombre es mantenerse, como ser personal y finito, en relación con el Dios personal, infinito, que está ahí. Cuando escuchamos el primer mandamiento de Cristo, amar a Dios con todo nuestro corazón y alma y mente, no nos encontramos frente a un deber abstracto: un ejercicio devocional separado de todo lo que es razonable. Más bien tenemos un punto de referencia infinito que da significado a todos nuestro puntos de referencia finitos. Este punto de referencia infinito no solo existe, sino que es personal y puede comunicarse con nosotros y nosotros con él, un punto de referencia infinito a quien podemos amar.

Este es el propósito del hombre: amar a Dios a un nivel personal y no mecánico. Otras cosas en el universo son a este nivel: el átomo de hidrógeno es una máquina. El sistema solar es una máquina. Su relación con Dios es mecánica. Pero nosotros cada vez que asistimos a un culto y cantamos alabanzas mecánicamente, cometemos una equivocación: no estamos alabando a Dios a nivel de quienes somos.

Naturalmente, el hombre no es llamado solo a amar a Dios sino también a amar a los demás hombres. Y, de repente, en su escenario, esta clase de amor se convierte en una afirmación sensata. Aun el hombre no creyente o el blasfemo que se enamora da testimonio, sabiéndolo o no, de la realidad de lo que Dios es. De la misma manera que el simple ser muestra la existencia de Dios, y el universo, bueno desde su origen, muestra la virtud moral de Dios, así la comunicación de hombre a hombre y el amor de uno a otro (ya sea una relación sexual hombre/mujer o una relación de amistad) da testimonio de lo que Dios es.

Dios puede decir: «¿Deseas conocer algo de cómo soy? Mira a la creación como yo la hice». El universo no es una extensión de la esencia de Dios, pero todas sus partes hablan de él.

La relación hombre/mujer ya no es una burla o una maldición, como a menudo piensa el hombre moderno. Sabemos que Dios no hizo al hombre como individuo para permanecer solo por mucho tiempo, solo con la posibilidad de amar a Dios. Pues aunque el amar a Dios fue el propósito de su creación, Dios rápidamente le dio una compañera como él mismo y sin embargo diferente, que inició el amor y la comunicación a nivel humano. En consecuencia, cada vez que veamos una relación amorosa hombre/mujer auténtica o una relación amistosa auténtica, a pesar de que estas cosas tienen gran valor en sí mismas, vemos algo más que humanidad amando a humanidad. Al mismo tiempo, cada uno de éstos son un testimonio de quién es Dios.

Esto continúa siendo un testimonio aun después de la caída, como leemos en Romanos 1.19,20: «Porque lo que de Dios se conoce les es manifiesto, Pues Dios se lo manifestó. Porque las cosas invisibles de él, su eterno poder y deidad, se hacen claramente visibles desde la creación del mundo, siendo entendidas por medio de las cosas hechas, de modo que no tienen excusa». El punto aquí es que «desde la creación» (desde el momento de la creación) las cosas que Dios ha hecho son un testimonio de su ser, de su bondad y de su personalidad.

Génesis en el tiempo y en el espacio
(Barcelona: Ediciones Evangélicas Europeas, 1974),
pp. 58-62.

EL CAMINO HACIA EL CONOCIMIENTO DE LA FE CRISTIANA

Andrés Kirk

La fe cristiana presupone la existencia de un cuerpo de enseñanzas (por ejemplo las enseñanzas de Jesucristo) que pueden ser reconocidas como cristianas y que se distinguen de otras enseñanzas, sean ellas religiosas (por ejemplo el hinduismo), filosóficas (por ejemplo el existencialismo), o ideológicas (por ejemplo el marxismo). Más adelante analizaremos algunas de las similitudes y discrepancias entre las enseñanzas cristianas y estas otras enseñanzas. Por ahora, quisiéramos plantear la pregunta básica acerca del camino que conduce al conocimiento de la fe cristiana.

1. Datos concretos

¿Qué entendemos generalmente por la palabra «conocer» o «conocimiento»? Probablemente «saber cosas» como en el caso de esas revistas que semanalmente se venden en los quioscos y que pretenden extender nuestro conocimiento del mundo que nos rodea. Equiparar el conocimiento con «saber cosas» se debe probablemente al hecho de que en su mayor parte el proceso educativo al que hemos sido sometidos recalca la parte informativa del conocimiento. Conocer, entonces, equivale a «dominar datos» con el fin de volver a divulgarlos en el momento de un examen (piense, por ejemplo, en la importancia asignada en el campo de la historia a las fechas). El proceso de dominar datos es la parte puramente formal del conocimiento; es sumamente importante e insustituible, pero no es todo el proceso del aprendizaje. Consideremos, ahora, sus ventajas y desventajas.

1.1 *Ventajas*. Impone objetividad en el estudio. Los datos pueden ser controlados, discutidos, verificados o desmentidos según criterios cuya veracidad nadie puede disputar. Abre así un mundo de investigación y discurso donde las opciones personales y la herencia cultural de cada uno juegan un papel mínimo. Este tipo de conocimiento se asocia mayormente con las ciencias exactas, y en menor grado con todos los otros campos de investigación. Se vincula con el método científico de hipótesis, experimento controlado, demostración o refutación. Puede ayudar a minar los prejuicios irracionales y sustenta el ideal de la unidad de la verdad contra el relativismo.

1.2 *Desventajas*. Como método de conocimiento global es limitado. Pensemos en una persona cualquiera. Acerca de él podemos conocer datos: edad, altura, peso, el color de su cabello, sus ojos y su piel, cuál es la situación de su hogar, etcétera. Lo podemos observar trabajando, jugando, conversando y, a veces, estudiando. Pero, en realidad, no lo conocemos todavía. No llegaremos a un conocimiento integral de esa persona si no nos entregamos a él como un ser que va más allá de los datos personales que cualquier computadora podría recoger (piense, por ejemplo, en un examen médico donde la curación depende tanto de datos objetivos —los síntomas que conducen a un pronóstico— como el establecimiento de una relación personal entre el médico y el paciente). Esto quiere decir que el hombre se resiste a ser reducido a un mero objeto de análisis, a una máquina cabalmente comprensible por otras máquinas. También es un sujeto que la computadora no puede conocer como tal.

Otra desventaja tiene que ver con el hecho de que el conocimiento representa todo un proceso de aprendizaje. Dominar datos no implica necesariamente reflexionar sobre esos datos. Dominar datos por sí solo, o inyectar datos en la cabeza de alguien, es lo que Paulo Freire llama «la educación bancaria», o lo que podríamos denominar «la educación pasiva». La educación que solamente aguarda lo que le venga. A ese proceso Freire opone el proceso de la «concientización», es decir una reflexión personal o de un grupo acerca de las implicaciones de los datos aprendidos. La concientización, básicamente, es una educación «activa» que pregunta y busca respuestas. Ahora llegamos a tres advertencias sobre todo lo que venimos diciendo hasta aquí: En primer lugar, lo que pasa por «concientización» hoy en día (y hay que reconocer que es una palabra muy de moda) es a veces nada más que la simple ideologización o adoctrinamiento de un grupo por el otro (por ejemplo en la Iglesia Católica lo que se llama «los cursillos»; en el justicialismo, los cursos de adiestramiento; en el marxismo, las sesiones de autocrítica). Esto no es concientización en el sentido en que Freire usa el término, porque no se basa sobre una discusión abierta, franca y respetuosa. Es otro tipo, esta vez más sofisticado, de educación «bancaria», porque no alienta la AUTODEDICACIÓN, más bien dosifica la persona al no reconocer su contribución personal al proceso comunitario del conocimiento. Esperamos que este texto no caiga en semejante trampa.

En segundo lugar, demasiado énfasis puesto en el conocimiento como dominio de datos (lo que se llama «el ideal científico» o trabajar sin la presión de credos, foráneos a la metodología científica) puede ser sumamente peligroso en cuanto no establezca ninguna relación entre la ciencia pura y las decisiones éticas con respecto a las consecuencias de la investigación científica (por ejemplo, los materiales bélicos de gran potencia destructiva, los experimentos degradantes con seres humanos en la época de Hitler, las posibilidades de la manipulación genética, etcétera). Hoy día este ideal de una pura objetividad, sin relación alguna con preocupaciones éticas, lleva el nombre de «positivismo científico» o «cientificismo».

En tercer lugar, demasiada confianza en la objetividad de la investigación puede ocultar fácilmente prejuicios filosóficos, religiosos, o ideológicos en la selección de los campos de investigación y de los datos recogidos, etcétera (por ejemplo, la escuela de sociología llamada «funcionalismo» tiene su propia solución porque, por razones ideológicas, ignora ciertos datos acerca de las causas del subdesarrollo).

A pesar de estas advertencias, el conocimiento como dominio de datos sigue siendo fundamental. No puede haber discusión, a menos que sea puramente abstracta, en ningún campo sin datos específicos. Una discusión sin datos degenera en un proceso de impartir la ignorancia; genera más calor que luz. Es especialmente importante en nuestro mundo contemporáneo donde existe una fuerte tendencia a reducir toda verdad a lo afectivo, lo interpersonal, y lo interior, es decir a la experiencia de cada uno. Y esta tendencia, sobre todo en asuntos de religión, desemboca en una suerte de conocimiento marcadamente oculto, privado, y confuso.

Esta discusión sobre la objetividad del conocimiento, traducida a la realidad de la fe cristiana, confirma que debe haber (y hay) enseñanzas cristianas que dependen de datos concretos y que intrínsecamente están abiertas a la demostración de que representan la VERDAD acerca de Cristo (Ef 4.20,21). Esta enseñanza no es ni mística, es decir propiedad privada de individuos, ni oscura, es decir, propiedad privada de un grupo, secta o iglesia. Es accesible a todos y está abierta a la discusión. Da la base para un diálogo con cualquier filosofía, ideología, u otra idea humana. El apóstol Pablo la llama «la regla (o modelo) de doctrina» (Ro 6.17); «el aprendizaje acerca de Cristo» (Ef 4.20); «la verdad que reside en Jesús» (Ef 4.21); «la sana doctrina» (1 Tim 1.15); y Judas, «la fe, que de una vez para siempre ha sido transmitida a los santo» (Jud 3).

2. Compromiso personal

Hay un segundo elemento del conocimiento en la perspectiva cristiana que igualmente es fundamental. Se trata del compromiso personal.

Ya hemos sugerido que en el conocimiento cabal de una persona, a distinción de una cosa, la entrega personal a esa persona (la simpatía o la preocupación desinteresada) es un factor decisivo. Entonces, ¿cómo surge el conocimiento de otra persona? Surge únicamente a través de nuestra disponibilidad para ella, cuando dedicamos tiempo para entenderla a través de sus intereses, sus inquietudes, sus compromisos, etcétera (factores de alta importancia en cualquier trabajo entre jóvenes, por ejemplo). De esta manera se establece una relación «Yo-Tú», a diferencia de la relación «Yo-Ello» que establecemos con las cosas materiales.

A pesar de las muchas filosofías materialistas que imperan hoy, estamos obligados a actuar con respecto al hombre como si fuera un verdadero sujeto (tú) y no un simple objeto (ello). De ahí que la única religión con pretensiones de competir con la fe cristiana hoy día (aunque por razones teóricas y prácticas no es viable) podría ser la fe del humanista, una religión centrada en el amor por el otro.

Por lo tanto, podemos demostrar convincentemente que el conocimiento de una persona involucra acciones y actitudes que no son mensurables o imparcialmente. ¿Qué tiene que ver todo eso con el conocimiento de la fe cristiana por el cual llegaremos a la plenitud de la verdad? Sencillamente que la fe cristiana auténtica testifica en su seno una relación personal, absolutamente fundamental y única: la relación entre cualquier hombre, sin distinción alguna, y Dios por medio de Jesucristo. Jesucristo mismo habla de esta relación imprescindible para llegar al conocimiento: «La vida eterna consiste en que te conozcan a ti, único Dios verdadero, y a tu enviado, Jesucristo» (Jn 17.3). Más adelante hablaremos de esta relación, tanto en su contenido como de su realidad y sus consecuencias. Por ahora, y para nuestro propósito inmediato, llegaremos a las siguientes conclusiones:

2.1 Sin la realidad de esta relación personal con Dios mismo todo conocimiento de la fe cristiana es inevitablemente parcial, cuando no equívoco. Sería posible, para mí, aprender de memoria la catequesis, el credo, el Padrenuestro, y aun estudiar teología, y no conocer la fe cristiana por no conocer la realidad que apunta: la realidad de Dios como una persona viviente y no solo como una doctrina, como un sujeto y no solo un objeto, como un tú y no solo un ello.

2.2 Las relaciones personales a menudo producen un cambio radical en una persona que quedaría inmóvil frente a los datos, aunque estos también pueden causar cambios a su manera. (Piense, por ejemplo, en la diferencia de motivación que existe entre las estadísticas acerca del hambre sufrida por la gente pobre y un programa de televisión que muestra el sufrimiento en su propia carne.) Es decir, el compromiso personal es compromiso en el sentido de que exige cambios profundos. También de eso hablaremos más adelante.

2.3 En fin, la fe cristiana no es un fin en sí misma; su conocimiento teórico no atesora ningún mérito en particular. Más bien es un medio que, correctamente entendido, puede ayudar a establecer, informar, y desarrollar una relación nueva y fundamental sobre una base sólida y segura. En otras palabras, la fe orienta las dimensiones de esta relación explicándonos objetivamente quién es Dios, quiénes somos nosotros, y en qué mundo vivimos. Es decir, nos orienta en cuanto a la realidad total de nuestra existencia: una realidad cuya verdad se somete a una prueba a la vez objetiva y personal.

3. Práctica continua

Finalmente, existe un tercer elemento del conocimiento en la perspectiva cristiana que deriva de los otros. Es la práctica cristiana: datos, compromiso, acción.

Simplificando el tema algo, comprobaremos que el conocimiento no viene única y exclusivamente por vía de la contemplación o la reflexión, o aun de la relación personal. Viene, también, a través de nuestra experiencia diaria, siempre y cuando actuemos en concordancia con las exigencias de la verdad que conocemos y la demanda de cambiar aquellas situaciones que no expresan la voluntad de Dios. Es decir, el conocimiento se producirá también en el acto mismo de obedecer a Dios. De esta manera, también alcanzaremos un conocimiento más profundo de NOSOTROS MISMOS y de nuestro prójimo. Santiago, uno de los autores del Nuevo Testamento que más habla de la necesidad de llevar la fe cristiana a la práctica, emplea la viva imagen del espejo para explicar la realidad de la autocomprensión a través de la obediencia concreta a la palabra de Dios (Stg 1.21-25).

La práctica no obliga a salir de la seguridad de nuestro GHETTO particular, nuestro mundo pequeño y limitado, para encontrar un mundo más completo (por ejemplo, la experiencia directa y personal de la pobreza a veces viene como resultado de la ayuda prestada a los sufrientes en algún desastre nacional). Esto también es conocimiento activo, porque viene a través del compromiso conscientemente asumido. El conocimiento viene, entonces, a través del llamado a ser consecuentes con nuestras actitudes. Véase el reto de los siguientes textos bíblicos: Jn 1.23; 13.12-15; 8.31,32; 7.17. Es decir, la verdad acerca de Dios y de nuestra vida en el mundo, acerca del amor y la persistencia del mal, acerca del valor y propósito del hombre, viene en parte a través del conocimiento logrado por la reflexión sobre acciones ordinarias de cada día.

Cap. 1 del libro *Así confesamos la fe cristiana*
(Buenos Aires: Ed. La Aurora, 1976), pp. 13-22

EL CARÁCTER DE DIOS

Timothy Dwight

El propósito de este apéndice
Mostrar cómo predicar acerca de los atributos de Dios

Con frecuencia estudiamos la Persona y los atributos de Dios de una manera aislada e independiente; es decir, sin nada que ver con nosotros, sin reflexionar en qué forma nos afecta, cómo nos vincula y nos es de provecho el conocimiento de cada uno de esos atributos divinos.

A continuación presentamos un sermón que considera algunos de esos atributos y su relación con nosotros como hijos de Dios. A la vez ha de servir como modelo a seguir para la predicación efectiva de las Escrituras. Al igual que como líderes, ministros y pastores de la grey del Señor necesitamos cultivar una relación más y más íntima con Él, los creyentes a los que les predicamos también requieren con urgencia entrar en ese vínculo perfecto con nuestro Dios.

Este curso del Dios que adoramos no estaría completo sin un ejemplo de cómo exponer este gran tema del carácter de la Primera Persona de la Trinidad, ya que como tal lo muestra en numerosas maneras en Su Palabra, en la naturaleza y en nuestras propias vidas. Dada la importancia de ese tema, no dudamos en incluir una de las mejores obras al respecto. El sermón de Timothy Dwight describe con una habilidad tal el carácter de Dios, que sienta las bases para una relación continua y consciente de la presencia de Dios en nuestras vidas.

Una vez que internalicemos las enseñanzas de este sermón se nos abrirá el apetito por disfrutar de todo lo que podamos conocer de Dios, para vivir con Él y no a sus espaldas.

Nacido en Massachusetts, en 1752, Timothy Dwight, fue nieto, del famoso predicador Jonathan Edwards protagonista principal del gran avivamiento espiritual ocurrido en los Estados Unidos en la época de la colonia, A los veintidós años de edad, Dwight profesó a Cristo como su Salvador, y a partir de ese momento dedicó su vida al servicio del Señor.

Era un hombre incansable, fue capellán del ejército en la Guerra Revolucionaria, sirvió dos años en la Legislatura Estatal de Massachusetts, y además pastoreó la Iglesia Congregacional en Greenfield, Connecticut. Contribuyó como profesor en recintos como la Universidad de Yale. Y recibió el doctorado en Leyes de la Universidad de Harvard. También hizo valiosos aportes a la educación teológica como autor de varios libros acerca del tema.

Apéndice

> *De oídas te había oído; mas ahora mis ojos te ven. Por tanto me aborrezco, y me arrepiento en polvo y ceniza* (Job 42.5).

Job, como saben todos los lectores de la Biblia, era un hombre eminentemente justo. Dios mismo testifica que no había otro como él en todo el mundo; que era perfecto y recto, que temía a Dios y aborrecía el mal. No obstante, fue afligido más que nadie. Perdió sus propiedades y sus hijos. Fue azotado con una enfermedad repugnante. Su esposa lo trató con amarga crueldad, y sus amigos lo mataron insistiendo que Dios estaba manifestando Su ira contra él debido a que era culpable de algo. Job vindicó su carácter en contra de esas acusaciones. En el progreso del debate, ambos bandos evidentemente traspasaron los límites de la moderación. Aunque sus amigos le atribuyeron crímenes que no cometió y culpa en la que no incurrió, Job confirmó de manera enérgica, en términos estrictos, una inocencia y pureza que sus declaraciones no alcanzaban a describir perfectamente.

Cuando la disputa concluyó, Eliú, un joven que había sido testigo de su celo, los censuró a todos por su ardor, la inclemencia de sus sentimientos, las imputaciones irracionales de un lado, y la autojustificación sin base del otro. A la vez vindicó, en cierta manera, la justicia de la dispensación divina hacia Job, exhibió con claridad la grandeza y perfección de Jehová, y urgió irresistiblemente al deber de la sumisión implícita a Su voluntad.

Cuando Eliú concluyó el discurso, Dios se manifestó a la asamblea de disputantes en una tormenta acompañada por rayos y truenos, y le respondió a Job desde el torbellino. En una serie de observaciones sublimes y maravillosas, desplegó Su propia excelencia suprema, su inmensurable grandeza, la cantidad incomprensible, y la naturaleza misteriosa e insondable de sus obras creativas y su providencia.

Con estas observaciones, entretejió, también, fuertes y abrumadoras evidencias de la pequeñez, ignorancia y necesidad del hombre, y demostró sin lugar a dudas cuán imposible es que semejante ser juzgue con cierta propiedad respecto a las dispensaciones divinas. A través de estos descubrimientos del carácter verdadero, grande y perfecto de Dios, Job —como es lógico—, fue profundamente humillado y dirigido a un autoaborrecimiento genuino así como también a un sincero arrepentimiento.

Enseñanza

La gran verdad evangélica contenida en este pasaje y sobre la cual intento insistir en el discurso que sigue es esta: Las perspectivas claras y correctas del carácter y la presencia de Dios nos hacen evocar pensamientos de humildad y arrepentimiento.

Intentaré ilustrar esta enseñanza con las siguientes observaciones:

Dios es nuestro Creador, Preservador, y Benefactor. Él nos formó de la nada, sopló en nuestras narices el aliento de la vida e hizo que fuéramos almas vivientes. Nos hizo más sabios que las bestias del campo y las aves del cielo, y nos capacitó, con la luz de la razón, para discernir Su carácter y Su autoridad; y, con nuestras características morales para mar, y servir, y glorificarlo por siempre.

Él sostiene lo que existe por el poder de Su Palabra y lo hace agradable como producto de Su bondad. Sus misericordias son nuevas cada mañana y frescas cada momento. La vida, el aliento y todas las cosas que disfrutamos están entre las buenas dádivas que descienden del Padre de las luces, en el cual no hay mudanza, ni sombra de variación (Santiago 1.17).

Todas estas consideraciones confirman que en el sentido más alto posible somos propiedad de este Ser grande y glorioso. Por cierto, nada es nuestro excepto lo que Él nos da, y todo lo que poseen o puedan poseer las criaturas inteligentes es creado y viene solamente como regalo de Dios.

Es evidente —en base a estas consideraciones—, que Dios tiene derecho absoluto para disponer de nosotros en cualquier manera que le parezca; en particular, para prescribirnos leyes y requerirnos cualquier servicio en la forma que le plazca. Cualquier cosa que prescriba, estamos obligados a obedecerla; lo que sea que requiera, debemos hacerlo. Dios puede justificar de manera infinita este derecho ilimitado. Su poder es inmensurable. Él puede castigar sin límite y sin fin la desobediencia a Sus mandamientos. Él conoce cada camino del corazón y puede hacer de cada pensamiento y nervio un canal de sufrimiento. Escapar de su ojo o su mano es igualmente imposible. Cada elemento, cada facultad, y aun cada placer, puede convertirlos en instrumentos de juicio.

Él no necesita la hambruna ni la pestilencia, ni la tormenta ni el relámpago, ni el volcán ni el terremoto, ni la espada ni el cetro de tiranía para ejecutar su ira sobre sus criaturas rebeldes. No necesita lago de fuego y azufre para atormentar a los hacedores de iniquidad. Él puede armar a un insecto o comisionar un átomo para que sea instrumento de su ira. Él puede hacer del cuerpo de la persona su propio castigador. Puede convertir la misma mente en un mundo de perdición la misma mente en un mundo de perdición donde la oscuridad de la desesperación abrume todas las facultades, exhale la angustia, y la corriente de la tristeza fluya por siempre.

Aun con todo el poder que Dios posee es justo. Ninguna criatura inteligente descubrirá jamás una razón fuerte para quejarse contra Dios. Sus mandamientos concernientes a todas las cosas son justos absolutamente. No quiero decir que sean correctos porque son sus mandamientos; son rectos en sí mismos. Requieren lo mismo que la sabiduría. Contienen en sí mismos, por lo tanto, amplias razones por las que debemos obedecerlos.

Al mismo tiempo, Dios es infinitamente bueno. «*Bueno eres tú*» dice David, y «*bienhechor*» (Salmo 119.68); «*Y sus misericordias sobre todas sus obras*» (Salmo 145.9). Aun en este mundo rebelde Dios «*no se dejó a sí mismo sin testimonio, haciendo bien, dándonos lluvias del cielo y tiempos fructíferos, llenando de sustento y de alegría nuestros corazones*» (Hechos 14.17).

Nuestra salud, nuestra comida, nuestra ropa, nuestros amigos, nuestras esperanzas, los disfrutes no nombrados y muchos más que fluyen uno tras otro cual corriente incesante por la vida, y en particular, los medios y regalos más allá de la muerte son todas pruebas diarias y divinas de la bondad de nuestro gran Benefactor.

De Aquel que hace esas cosas para seres como nosotros, ¿qué bendiciones no obtendríamos si fuéramos mejores? Si fuésemos inocentes, ¿podríamos dudar de que nuestros espinos y cardos brotarían con la belleza del paraíso? Si tuviésemos disposición angelical, ¿podríamos dudar que la tierra sería cambiada en cielo?

De la bondad de Dios, su misericordia es la consumación y la gloria. Cuando nos arruinamos nosotros mismos y no teníamos a nadie para salvarnos ni para mostrarnos misericordia, Él envió a su Hijo, su único Amado, para redimirnos de nuestros pecados y rescatarnos de la perdición. Lo envió para soportar la contradicción de los pecadores y sufrir la muerte abrió sus puertas para recibir a la humanidad, y miles de millones de pecadores arrepentidos entraron al camino que lleva a la vida inmortal y se hallaron acogidos a aquel feliz mundo con un gozo nunca experimentado por personas justas que no necesitan arrepentimiento.

Dios también es nuestro Emperador, Juez y Redentor. El universo que creó es su propio imperio. Todo lo que lo habita es sujeto suyo. El dominio que ejerce allí es dictado por las perfecciones gloriosas mencionadas. Rebelarse contra eso es oponerse a la excelencia y autoridad del Gobernador y los intereses de su reino inmenso y eterno. Aquellos que se rebelen, los llamará a juicio y les demandará las obras hechas en el cuerpo. De acuerdo a esos hechos, serán juzgados y recompensados.

El que tal haga, a partir de estas consideraciones, percibirá con mayor claridad que es culpable —en cada pecado que comete— de severa injusticia hacia su Creador, con lo que le niega a Dios lo que le pertenece por derecho —lo cual sería una injusticia aun si la practicara contra su prójimo.

El pecado es una acción de rebelión audaz e impía contra el gobierno justo de Dios. El pecado demuestra una actitud grosera e ingrata en contra de la bondad y la misericordia de Dios. Es menospreciar con maldad el carácter perfecto y glorioso de Dios.

La culpa, inherente a toda esta impiedad, es agravada poderosamente por diversas percepciones de la pureza de Dios. «He aquí... y ni aun los cielos son limpios delante de sus ojos» (Job 15.15); «Y notó necedad en sus ángeles» (Job 4.18) «¿Cuánto menos el hombre abominable y vil, que bebe la iniquidad como agua?» (Job 15.16). Que toda criatura inteligente debe en alguna medida parecerse a su Creador en este atributo no se cuestiona, excepto por una mente injusta y culpable.

No puede dudarse con sobriedad que tanto nuestros pensamientos como nuestras vidas deben estar limpios. Se nos enseña que los hombres buenos apuntan con pasión a este carácter como blanco: «Y todo aquel que tiene esta esperanza en él, se purifica a sí mismo, así como él es puro» (1 Juan 3.3). Nada puede acentuar más nuestra impureza que una comparación de nuestro carácter con el de Dios. Pero discernimos que la Mente perfecta, infinitamente distante de cada estigma, tiene que demandar una absoluta pureza de aquellos que habitarán con Él y se interesan en Su amor perdurable. ¡Qué humillación debe causar esta consideración en la mente de cada pecador! [La perfección de Dios saca a relucir la necesidad de la justificación por fe sola en Jesús y no por obra: «por cuanto por las obras de la ley nadie será justificado» (Gálatas 2.16). Por cierto, «todos pecaron y están destituidos de la gloria de Dios» y solo podemos ser «justificados gratuitamente por Su gracia mediante la redención que es en Cristo Jesús» (véase Romanos 3.23, 34). Por otro lado, coloca ante el creyente justificado por gracia el reto de ser santo como Él es santo (véase 1 Pedro 1.13-21).

El mismo efecto aumenta excesivamente por la justa comprensión de la grandeza transcendental de Dios. La importancia que el pecador se atribuye a sí mismo no existe más que en el prejuiciado ojo del orgullo. Ayer, fuimos formados del polvo; mañana, bajaremos a la tumba.

Desde que nacemos hasta que morimos somos débiles, dependientes, indigentes, pequeños, ignorantes, y corruptos de pies a cabeza. No obstante, nos enorgullecemos de nosotros mismos y de nuestras circunstancias. ¡Qué conducta tan extraña! ¡Qué débil! ¡Qué pecaminoso! ¡Qué infeliz! No hay método para extinguir esta disposición miserable, ni siquiera para minimizarla, como lo hace traer a Dios ante nuestra presencia.

Y reflexionar con solemnidad: ¿Quién es ese que llamó a la existencia al universo desde la oscuridad, que habló y se llenó de habitantes? ¿Quién es ese que llena la inmensidad, y habita la eternidad, que hace sonreír al cielo, y temblar al infierno? ¿Quién puede serle útil a semejante Ser? ¿A quién puede Él necesitar? Si los cielos fuesen despojados de sus ángeles, Su Palabra lo reemplazaría de nuevo con otros iguales de sabios, grandes, y bondadosos. Entonces, ¿qué somos nosotros? ¡Nada, menos que nada, y vanidad!

Es imposible que Él requiera algo de nosotros, es más, todos los mandamientos que nos da son para nuestro bien y no para el Suyo. Todas las ventajas derivadas de nuestra obediencia son para nosotros. Él no se beneficia de ello. Por tanto, mejoraremos, y seremos más felices como resultado.

Necesitamos todo de su mano. Somos del pasado y no sabemos nada. Si nuestra oscuridad mental es iluminada, la luz debe provenir del cielo. Nuestra fuerza es debilidad, y por nosotros mismos, no podemos hacer nada. Toda nuestra suficiencia es de Dios.

Su aliento animó nuestros cuerpos sin vida. Su poder avivó nuestras almas para que pensaran y actuaran. Respiramos Su aire. Vivimos dependiendo de su alimento. Su ejército nos guía. Su mano nos sostiene. Su misericordia nos llama a la posesión de la vida eterna. No somos nada. No tenemos nada. No esperamos nada, sino lo que Él quiera darnos.

Con lo anterior en perspectiva, nuestra suficiencia y orgullo se hunden en el polvo. Así aprendieron los hombres buenos —en todas las edades—, a humillarse y a valorarse a sí mismos. Como David, en el octavo Salmo, afectado en gran manera por la grandeza de Dios manifestada en las obras de Sus manos, que proclama con profunda humildad: «*Cuando veo tus cielos, obra de tus dedos, la luna y las estrellas que tú formaste, digo: ¿Qué es el hombre, para que tengas de él memoria, y el hijo del hombre, para que lo visites?*» (vv. 3,4). Así también Job exclama en el texto: «*De oídas te había oído; mas ahora mis ojos te ven. Por tanto me aborrezco, y me arrepiento en polvo y ceniza*».

Todas estas consideraciones se fortalecen de manera poderosa, y su eficacia aumenta con solo recordar la omnipresencia y omnisciencia de Dios. La conciencia de que este asombroso Ser está doquiera estamos nosotros, nos acompaña en la multitud; y en la soledad le da una solemnidad a nuestra existencia y una importancia a toda nuestra conducta que no puede obtenerse de ninguna otra cosa.

¿Qué ojo es el que se ocupa de examinar los corazones y probar las riendas de los hijos de los hombres, que siempre ve directamente en nuestros corazones, que como una llama de fuego brilla en los recesos del alma y cambia la oscuridad en día, que vio todos nuestros pecados desde el principio y observa cada pensamiento, palabra, y acción impía, profana, ingrata e impura? ¿Qué mano es aquella que registra todas esas cosas en el libro con el que seremos juzgados y que abrirá para nosotros las páginas oscuras y melancólicas en el día final? Semejante ojo y tal mano, cómo deben palidecer y estremecer a cada pecador —ciego, sordo y muerto en delitos y pecados— consciente de su culpa en vista del juicio venidero. [Esta escena nos hace recordar la gloriosa promesa del Señor Jesucristo: *De cierto, de cierto os digo: El que oye mi palabra, y cree al que me envió, tiene vida eterna; y no vendrá a condenación , mas ha pasado de muerte a vida.*]

Al reflexionar en la apariencia que debemos tener ante Él —que es de ojos tan puros que no puede ver el mal (Habacuc 1.13)—, como no podemos vernos en alguna medida como Dios nos ve, considerar el pecado como Él lo considera, y sentir en nuestros corazones que, al igual que nuestra culpa es como la tinta más oscura, nuestro castigo debe ser atemorizador.

Si recordáramos todas estas consideraciones, si pensáramos en ellas a diario y en profundidad, seríamos sobrios, serios, alertas y diligentes en el cumplimiento de nuestro deber. En particular, si tenemos algunos puntos de vista correctos acerca del pecado, es casi imposible que nos hagan más justos más consagrados, más persistentes, y más eficaces al momento de persuadirnos a confesar y renunciar a nuestros pecados. Cuanto más justos sean esos puntos de vista, más poderosa debe ser su eficacia. Es más, no pueden dejar de producir felicidad en la mente del cristiano inteligente.

Semejante cristiano se sentirá como Job y exclamará como él: «*De oídas te había oído; mas ahora mis ojos te ven. Por tanto me aborrezco, y me arrepiento en polvo y ceniza*».

Primera afirmación. De las observaciones anteriores aprendemos por qué la gran mayoría de la humanidad tiene una idea errónea del pecado: Carecen de percepciones exactas, serias, e inmutables acerca del carácter y la presencia de Dios.

Tienen escasas y pobres ideas del carácter de Dios. Permítanme dirigir esta consideración directamente. Cuando ustedes, como la mayoría de las personas, meditan en Dios en cualquier manera, ¿no es cierto que solo piensan en Él como un Ser, que aun cuando tiene muchos atributos superiores, se parece a ustedes en diversos aspectos?

¿Sienten que los creó para disfrutar de ustedes, o para gratificar las pasiones y apetitos que tienen? ¿Sienten que como los creó se ve obligado a proveerles, principalmente para los placeres que necesitan satisfacer, y que toda esa obligación es de Él, y que la preocupación de ustedes es recibir y disfrutar? Cuando perciben alguna falla o cualquier defecto en su conducta, ¿o es su tendencia habitual culparlo a Él y perdonarse a sí mismos?

¿Se percatan ustedes de que Él los hizo, que los preserva, y que viven solo dependiendo de las riquezas de Él, el Juez, y que será quien los recompense más allá de la tumba? Reconozco que pueden admitir todas esas cosas como conclusión de las premisas que no pueden negar.

La pregunta aquí es esta: «¿Habitan esas premisas en sus corazones con una convicción seria? O al contrario, ¿sienten usualmente que son su propia propiedad, hechos para ustedes mismos y no para Su servicio; y que cuando Él no les satisface sus pasiones y apetitos, es porque es injusto; y que si interfiere en sus preocupaciones, es por arbitrariedad; y que si los aflige, es por maldad? ¿No fluyen en su mente todas esas malvadas conclusiones de concepciones falsas, incoherentes y aisladas de Su carácter?

¿No adolecen ustedes de entendimiento adecuado acerca de Su presencia? Cuando duermen, ¿recuerdan que solo Él guarda la habitación de ustedes de las llamas o los preserva de la muerte? Al despertar, ¿traen a la mente que si Dios no les hubiera despertado, habrían dormido el último sueño y sus ojos nunca más se habrían abierto a la luz de los vivos?

Cuando comen, ¿perciben de quién es la mano que pone sus mesas y llena sus corazones con comida y gozo? Cuando profanan

Su nombre, ¿recuerdan que Él los escucha? Cuando su imaginación persigue ideas impuras, ¿dudan que Él los observa? ¿Alguna vez ha soñado que Dios entró primero en la cámara secreta de su alma y que vive escrutando todos sus recuerdos de Él, las violaciones de Su ley, los abusos de Su gracia, su deseo carnal, y la vanagloria de la vida?

Él enumera las oraciones de usted. ¿Cómo cree que será ese número cuando se le revele en el día final? Él habita en sus momentos de reflexión. ¿Cuántas veces le ha visto visitar esos sagrados momentos para conversar con Él? Se reúne con usted en Su casa, ¿lo ha encontrado allí? Si en realidad hubiera visto Su presencia, ¿habría pensado en cosas vanas y pecaminosas? ¿Pudiera haber gastado con frenesí las horas doradas de su salvación? ¿Podría haber dormido ente el propiciatorio y perdido su hora aceptable durmiendo al pie de la cruz?

El sábado es ese día que usted le dedica a Dios; el santuario es Su casa; ambos se instituyeron para llevarle directamente a Su presencia. ¿Jamás ha considerado eso? ¿Ni siquiera ha sentido que Dios está lejos en un país desconocido y distante llamado cielo, ocupado por completo en Sus propias preocupaciones sin descanso ni inclinación para atenderle a usted? ¿Cuántos sábados puede recordar con satisfacción o, al menos, esperanza? ¿Hay algún hecho suyo digno de que se revele en el día del juicio que le haga merecedor de una recompensa futura?

Si usted dice cada día y cada hora: «Dios, tú me ves», y lo siente, ¿sería posible que esté tan callado, tan endurecido, tan adormecido en sus pecados? ¿Se conduciría con tanto sigilo a las miserias de la perdición? ¿Podría ver aumentar la distancia que lo separa del cielo cada vez más de manera tan gozosa, tan liviana? ¿No temblaría ante la idea de provocar de nuevo la ira de este Ser tan grande y terrible? ¿No sería su lenguaje instintivo ante cada tentación, al acercarse al pecado, como el que sigue: «*Cómo, pues, haría yo este grande mal, y pecaría contra Dios*» (Génesis 39.9).

Recuerde que toda esa conducta es inexcusable. Estar consciente de la presencia de Dios es absoluta potestad de usted. No requiere ayuda sobrenatural, mas que pensar o sentir, estudiar o trabajar.

Segunda afirmación. Permítanme urgir en los pecadores el gran deber de llevar a sus corazones el carácter y la presencia de Dios. Si no tiene un sentido adecuado de sus pecados, tiene que conseguirlo de esta fuente. Toda la obligación de obedecer a Dios surge de Su carácter como Ser de suma perfección; del hecho de que estamos endeudados con Él por nuestra existencia, por todas sus bendiciones y esperanzas; y de la naturaleza perfecta de Su ley y la tendencia absoluta de ella para glorificarle y producir la completa felicidad de su reino inmenso y eterno.

Tan importante es esta tendencia que justifica la afirmación de Su parte que afirma: «De cierto os digo que hasta que pasen el cielo y la tierra, ni una jota ni una tilde pasará de la ley, hasta que todo se haya cumplido» (Mateo 5.18). La gran culpabilidad del pecado es proporcional a esas cosas.

Pero esta verdad no se puede sentir a no ser que traigamos a nuestro corazón el carácter y la presencia de su Creador. Si dicho deber se cumpliera ya no estaría cómodo en Sión, ya no estuviera seguro ni pensando con ligereza en su iniquidad, ni estaría feliz al borde del precipicio de la destrucción. Como Dios no está en tus pensamientos en ninguna manera no huyes de la ira venidera ni echas mano a la vida eterna.

Cuando los israelitas, al pie del monte Sinaí, observaron la presencia de Dios, todo el pueblo tembló y le suplicó con sinceridad que no les hablara más sino por boca de Moisés.

Pero pocos días después se hicieron un becerro de oro fundido y lo adoraron, sacrificaron a esa efigie y dijeron: «*Israel, estos son tus dioses, que te sacaron de la tierra de Egipto*» (Éxodo 32.4).

Lo inexplicable de esa conducta era que olvidaron a Dios su Salvador, y las grandes cosas que hizo con ellos en Egipto. Todos los pecadores son, en estos aspectos, copias exactas de los israelitas. Cuando sienten el carácter y la presencia divina en sus corazones, comienzan a ver sus pecados en cierta medida tal y como son; captan su carácter verdadero; se percatan de su culpabilidad; y tiemblan en vista de su peligro.

Mas cuando Dios no está en sus pensamientos, como sucede usualmente, aumenta su audacia, se fortalecen, crece su impiedad, y menosprecian el pecado, el infierno, la santidad, la salvación, a sus propias almas y a Dios. El lenguaje de sus corazones, si no el de sus labios, es: «*Será el día de mañana como este, o mucho más excelente*» (Isaías 56.12).

¿Quién es el Todopoderoso a quien hemos de servir? O, ¿qué provecho tendremos si oramos a Él? La diferencia entre las ideas y las emociones más esperanzadoras que yacen en la mente de un pecador convencido, y las circunstancias más terribles de un pobre impenitente puede explicarse con la existencia y necesidad de un sentido serio, propio e influyente del carácter y la presencia de Dios. Qué insensato es el hombre que saca de su mente este tema tan provechoso y se satisface yendo a la perdición cuando puede tener un mejor y más tranquilo viaje.

Tercera afirmación. Permítanme también urgir a los cristianos con este gran deber. Ustedes, mis hermanos, no están menos obligados a avanzar en la santidad que los pecadores a ser santos, ya que ambos deberes son ordenados por la misma autoridad. A la vez hay una ley en sus miembros batallando de manera continua contra la ley de sus mentes y que les lleva cautivos a la ley del pecado está en sus miembros (Romanos 7.23). Ustedes, como todo cristiano, tienden perpetuamente a olvidarse de Dios, de su deber, y de su salvación. Todo eso, permítanme exhortarles, se olvida por completo. El mundo toma su lugar. El pecado recobra su poder. Las tentaciones se acercan a nuestras almas; la transgresión triunfa. Nuestro deber se debilita o no se cumple; y se abre la puerta al arrepentimiento y la contrición.

La pureza y la santidad de la vida se mantienen solo por una sensación continua y viva de la presencia de Dios. Él es el Soberano que exige este carácter de nosotros. Nadie más es señor de la conciencia; ninguna otra criatura puede dirigir la fe u ordenar el deber de los seres inteligentes.

Él siempre está presente viendo si obedecemos o desobedecemos este serio requisito. Y registra lo que ve, sea bueno o malo.

¿Por qué está entonces obligado a reconocer Su presencia y recordar que Su ojo que lo examina todo está abierto de día y de noche escrutando su corazón y su vida? Un claro entendimiento de esta verdad no deja de afectar su corazón de manera profunda, de asirse con fuerza, de prevenir o alejar la tentación. De despertarlo de la pereza y el sueño, y de alertarlo ante los peligros de este mundo seductor.

Cuando Dios está ante usted, ¿puede olvidar las riquezas de Su gracia, las maravillas de su amor redentor, perdonador, y santificador; la seriedad del pacto con el que se consagró a Su servicio, y su obligación de purificarse como Él es puro? Cuando Dios está ante sus ojos, ¿puede olvidar cuán deleitoso es agradecerle; cuán odioso es deshonrarlo; y cuán doloroso es herir la fe y traspasar los corazones de sus compañeros cristianos?

En presencia de este Ser maravilloso, ¿cómo no van a aparecer sus pecados en sus negros y terribles colores? ¿Cómo puede dejar de detestar, renunciar, y en buena medida, abandonarlos? El temor constante de pecar asirá por lo tanto sus corazones y llegará a ser el principio rector de su conducta moral.

Olvidar o ser insensible a la presencia de Dios, es perder de vista el mejor bien; debilitar el sentido del deber, y exponerse a cada tentación. Si David se hubiera acordado de este glorioso y maravilloso Ser, si hubiera pensado en las ideas justas y sublimes que dijo en el Salmo 139 cuando comenzó su carrera de iniquidad con Betsabé; cuán largo tren de terribles crímenes, amargo camino de arrepentimiento, y melancólica desesperación habría evitado.

Si Pedro hubiera recordado la inspección del ojo que todo lo ve, no habría negado a su Señor; las páginas del Evangelio no se habrían manchado con su caída, y su propia simiente habría sido rescatada de la angustia. La naturaleza de estos siervos de Dios es la misma de todos los hombres buenos. Débiles por sí mismos, frágiles e inestables, no tienen seguridad sino la que les brinda Dios. ¿Pero dónde encontrar una promesa en la que el protector divino extienda Su cuidado a cualquier hombre en tiempos en que se olvidan de Él?

Si los habitantes del cielo perdieran su conciencia de la presencia de Dios, tendríamos razones para temer que perderían su pureza.

Instar y ayudar a la humanidad a cumplir el deber ordenado en este discurso es uno de los grandes beneficios intencionados por la adoración instituida en el Evangelio. El santuario deriva su importancia, su solemnidad, su carácter sagrado, no del esplendor con el que puede ser construido no tampoco de los ritos con que puede ser consagrado, sino de su Habitante divino. En los postes de la puerta y en el altar de cada templo, cada creyente debe leer el nombre de la ciudad vista en la visión por Ezequiel: «*Jehová-sama*» (Ezequiel 48.35). Jacob dijo: «*Ciertamente Jehová está en este lugar, y yo no lo sabía. Y tuvo miedo, y dijo: ¡Cuán terrible es este lugar! No es otra cosa que casa de Dios, y puerta del cielo*» (Génesis 28.16,17). Aquí venimos a ver Su cara y buscar Su favor, para confesar nuestros pecados y suplicar Su misericordia.

Aquí Él se encuentra con nosotros para apiadarse, perdonar, bendecir, y salvar. Todas nuestras transacciones aquí son con Dios, y ellas traen a este Ser glorioso de inmediato ante nuestros ojos. Cada hombre bueno, cada hombre en el cual mora la piedad, se sentirá, por lo tanto, como se sentía el israelita piadoso cuando se paraba ante la nube en el templo, desde donde la voz de Jehová respondía a las oraciones de Su pueblo y pronunciaba los oráculos de vida.

Esos conocimientos alcanzados en la casa de Dios los llevamos a nuestro hogar. Ellos reviven; se fortalecen con el sacrificio de la mañana y de la noche; pero sobre todo son avivados en nuestra habitación. El mundo no sabe de este retiro sagrado. Nadie lo observa ni interviene ningún objeto terrenal. Aquí nos postramos ante nuestro Creador y conversamos con Él cara a cara. Nuestras almas se desnudan ante Él. Nuestras vidas son evaluadas; nuestros pecados son puestos a la luz de Su rostro como también nuestro arrepentimiento, nuestra fe, nuestro amor, nuestras comodidades, y nuestras esperanzas.

Vemos a Dios así, de manera íntima en este templo privado, a lo largo del día; hasta que volvemos al mismo retiro y conversamos de nuevo con nuestro Creador. Así la presencia divina llegar a ser el estado usual y rector de nuestras mentes.

Ayudado de esta manera, el hombre bueno aprende a encontrar a Dios en todos los lugares y en todas las cosas. Este gran Ser se hace presente en cada disfrute que comparte, cada aflicción que sufre, cada esperanza en la cual participa, y en cada avance en la vida cristiana. A la vista de semejante hombre, Jehová se presenta, vive y obra con Sus manos.

Su sonrisa es la belleza de la primavera. Su aliento es fragancia. Su mano derrama las riquezas del verano y la provisión del otoño. El trueno es Su voz; los relámpagos sus flechas. Hace de las nubes Sus carros; y viaja en el torbellino. La tierra es su estrado; los cielos Su trono. Con el sol —la imagen material más brillante de Su exaltación, inmutabilidad, y gloria—, le da luz, vida y consuelo a millones incontables de criaturas; y expone a la mente un magnífico símbolo celestial del día eterno. Por tanto, vive y sonríe en todo lugar, mientras controla todas las obras de Su mano.

Su Palabra lo muestra en formas aun más divinas. Allí Su bondad y misericordia brillan con una gloria sublime, aunque inmensurable en el rostro del Redentor. Allí se escucha Su voz a través de las terribles amenazas de Su ley y las deleitosas promesas del Evangelio. Allí brilla en un sol moral, en el alma, y despierta en ella la vida que nunca morirá. Animado, consolado, y fortalecido con esperanza y gozo, el creyente se acerca cada vez más a Dios y lo observa mejor hasta que su alma, entrando en las regiones del descanso eterno, abre sus ojos sobre las glorias del cielo y es admitido para ver Su cara en justicia por siempre.

Guía de Estudio

El Dios que adoramos

Gerald Nyenhuis

Guía preparada por la facultad de la Universidad FLET

EDITORIAL UNILIT

FLET UNIVERSIDAD

Contenido

Cómo obtener un curso acreditado por FLET	131
Cómo hacer el estudio	132
Cómo establecer un seminario en su iglesia	134
Descripción del curso	136
Metas y objetivos	136
Tareas	138
Pautas para la lectura	140
Calificación	143
Programa de tareas específicas	143
Libros recomendados para lectura adicional	146
Pautas para escribir un ensayo	147
Lecciones	153
Manual para el facilitador	201

Cómo obtener un curso acreditado por FLET

Si el estudiante desea recibir crédito por este curso, debe:

1. Llenar la solicitud de ingreso.
2. Proveer una carta de referencia de su pastor o un líder cristiano reconocido.
3. Pagar el costo correspondiente. (Ver «Política financiera» en el *Catálogo académico.*)
4. Enviar a la oficina de FLET o entregar al representante de FLET autorizado, una copia de su diploma, certificado de notas o algún documento que compruebe que haya terminado los doce años de la enseñanza secundaria (o educación media).
5. Hacer todas las tareas indicadas en esta guía.

Nota: Ver «Requisitos de admisión» en el *Catálogo académico* para más información.

Cómo hacer el estudio

Cada libro describe el método de estudios ofrecido por esta institución. Siga cada paso con cuidado. Una persona puede hacer el curso individualmente, o se puede unir con otros miembros de la iglesia que también deseen estudiar.

En forma individual

Si el estudiante hace el curso como individuo, se comunicará directamente con la oficina de la Universidad FLET. El alumno enviará su examen y todas sus tareas a esta oficina, y recibirá toda comunicación directamente de ella. El texto mismo servirá como «profesor» para el curso, pero el alumno podrá dirigirse a la oficina para hacer consultas. El estudiante deberá tener a un pastor o monitor autorizado por FLET para tomar su examen (sugerimos que sea la misma persona que firmó la carta de recomendación).

En forma grupal

Si el estudiante hace el curso en grupo, se nombrará un «facilitador» (monitor, guía) que se comunicará con la oficina de FLET. Por tanto, los alumnos se comunicarán con el facilitador, en vez de comunicarse directamente con la oficina de FLET. El grupo puede escoger su propio facilitador, o el pastor puede seleccionar a uno del grupo que cumpla con los requisitos necesarios para ser guía o consejero, o los estudiantes pueden desempeñar este rol por turno. Sería aconsejable que la iglesia tenga varios grupos de estudio y que el pastor sirva de facilitador de uno de los grupos; cuando el pastor se involucra, su ejemplo anima a la congregación entera y él mismo se hace partícipe del proceso de aprendizaje.

Estos grupos han de reunirse una vez por semana en la iglesia bajo la supervisión del facilitador para que juntos puedan cumplir con los requisitos de estudio (los detalles se encontrarán en las próximas páginas). Recomendamos que los grupos (o «peñas») sean compuestos de 5 a no más de 10 personas.

El facilitador seguirá el «Manual para el facilitador» que se encuentra al final del libro. El texto sirve como «profesor», mientras que el facilitador sirve de coordinador que asegura que el trabajo se haga correctamente.

Cómo establecer un seminario en su iglesia

Para desarrollar un programa de estudios en su iglesia, usando los cursos ofrecidos por la Universidad FLET, se recomienda que la iglesia nombre a un comité o a un Director de Educación Cristiana. Luego, se deberá escribir a Miami para solicitar el catálogo ofrecido gratuitamente por FLET.

El catálogo contiene:

1. La lista de los cursos ofrecidos, junto con programas y ofertas especiales,
2. La acreditación que la Universidad FLET ofrece,
3. La manera de afiliarse a FLET para establecer un seminario en su iglesia.

Luego de estudiar el catálogo y el programa de estudios ofrecidos por FLET, el comité o el director podrá hacer sus recomendaciones al pastor y a los líderes de la iglesia para el establecimiento de un seminario o instituto bíblico acreditado por FLET.

Universidad FLET
14540 SW 136 Street No 202
Miami, FL 33186
Teléfono: (305) 378-8700
Fax: (305) 232-5832
e-mail: admisiones@flet.edu
Página web: www.flet.edu

El plan de enseñanza FLET

El proceso educacional debe ser disfrutado, no soportado. Por lo tanto no debe convertirse en un ejercicio legalista. A su vez, debe establecer metas. Llene los siguientes espacios:

Anote su meta diaria: ______________________________
Hora de estudio: ______________________________
Día de la reunión: ______________________________
Lugar de la reunión: ______________________________

Opciones para realizar el curso

Este curso se puede realizar de tres maneras. El alumno puede escoger el plan intensivo con el cual puede completar sus estudios en un mes y entonces, si desea, puede rendir el examen final de FLET para recibir acreditación. Si desea hacer el curso a un paso más cómodo lo puede realizar en el espacio de dos meses (tiempo recomendado para aquellos que no tienen prisa). Al igual que en la primera opción, el alumno puede rendir un examen final para obtener crédito por el curso. Otra opción es hacer el estudio con el plan extendido, en el cual se completan los estudios y el examen final en tres meses. Las diversas opciones se conforman de la siguiente manera:

Plan intensivo: un mes (4 sesiones)	*Fecha de reunión*
Primera semana: Lecciones 1-2	______________
Segunda semana: Lecciones 3-4	______________
Tercera semana: Lecciones 5-6	______________
Cuarta semana: Lecciones 7-8, y Examen final de FLET	______________

Plan regular: dos meses (8 sesiones)	*Fecha de reunión*
Primera semana: Lección 1	___________
Segunda semana: Lección 2	___________
Tercera semana: Lección 3	___________
Cuarta semana: Lección 4	___________
Quinta semana: Lección 5	___________
Sexta semana: Lección 6	___________
Séptima semana: Lección 7	___________
Octava semana: Lección 8, y Examen final	___________

Plan extendido: tres meses (3 sesiones)	*Fecha de reunión*
Primer mes: Lecciones 1-3	___________
Segundo mes: Lecciones 4-6	___________
Tercer mes: Lecciones 7-8, y Examen final	___________

Descripción del curso

Un estudio de la enseñanza bíblica acerca de Dios. Se presta atención especial a la persona de Dios, Sus atributos, Sus nombres, la doctrina de la Trinidad y las consecuencias de estas verdades para el creyente.

Metas y objetivos

Metas

El alumno, al finalizar este estudio:

1. (Cognitiva) Comprenderá los principios fundamentales de la doctrina bíblica de Dios.
2. (Afectiva) Se sentirá motivado a mejorar su relación personal con Dios, ajustándola a la verdad bíblica acerca de la doctrina de Dios.

3. (Volitiva) Aplicará en su ministerio los conocimientos aprendidos en forma creativa.

La contribución del alumno deberá ser:

1. Bíblica: La contribución del alumno debe ajustarse a los principios bíblicos para iglesias e individuos.
2. Concreta: La contribución del estudiante debe ser específica y concreta no meramente teórica (aunque debe tener un concepto filosófico o principio como base).
3. Contextualizada: La contribución debe complementar y dirigirse a la situación *actual* de la iglesia, sin alterar los principios bíblicos mismos.

Objetivos

El estudiante podrá:

1. Demostrar su conocimiento acerca de los conceptos de la doctrina bíblica de Dios:
   a. Respondiendo a las preguntas en cada lección y creando sus propias preguntas y respuestas.
   b. Estudiando los cuatro conceptos señalados por las gráficas que corresponden a cada lección.
   c. Escribiendo un ensayo de mínimo quince páginas y máximo veinte sobre un tema relacionado con la doctrina bíblica de Dios.
   d. Presentando el reporte detallado de lectura adicional y examen final.
2. Completar la sección «Expresión» en cada lección para explorar como aplicar lo aprendido a su vida.
3. Usar los conocimientos adquiridos en predicaciones, enseñanzas bíblicas, y otros aspectos de su ministerio en la iglesia.

Tareas

1. Leerá el texto *El Dios que adoramos* por Gerald Nyenhuis. Mantendrá un cuaderno en el que escribirá las tareas detalladas abajo en los puntos a, b, y c. Al completar las cuatro primeras lecciones, entregará por correo electrónico o por correo postal una copia del cuaderno a las oficinas de FLET si estudia en forma individual o al facilitador si estudia en grupo. Entregará el cuaderno completo al final del curso, el cual será revisado como parte de su nota final. (El estudiante individual enviará el cuaderno a FLET, el estudiante en grupo lo entregará al facilitador).

   a. Tres preguntas propias por lección: Esta porción de la tarea se relaciona a la lectura del alumno y su interacción con las **Diez preguntas**. El estudiante debe escribir *tres preguntas propias* concernientes a la lección (y que no han sido tratadas o desarrolladas ampliamente por el autor). Estas preguntas deben representar aquellas dudas, observaciones, o desacuerdos que surgen en la mente del estudiante a medida que vaya leyendo el texto de estudio (o reflexionando después sobre el contenido del mismo). De manera que las preguntas deben, en su mayoría, salir a relucir naturalmente en la mente del alumno mientras lee y procesa la información en el texto. Se espera que el estudiante además comience a tratar de solucionar su pregunta o duda. Es decir, el estudiante debe hacer un esfuerzo en buscar la respuesta a la mismísima pregunta que se le ocurrió (por lo menos explorando alternativas o respuestas posibles). Este ejercicio ayudará al alumno a aprender a pensar por sí mismo y tener interacción con lo que lee. Así, se permite que el estudiante exprese desacuerdo con el autor mientras que explique la razón por la cual.

b. Cuatro conceptos de los cuadros: Esta parte de la tarea se relaciona a las cuatro gráficas con sus explicaciones provistas en cada lección. El estudiante escribirá una verdad aprendida de cada dibujo expresada en una sola oración. El propósito es asegurar que el estudiante está aprendiendo el contenido y cómo comunicar el mismo de manera precisa, concisa, y relevante.

c. Tres principios: Esta faceta se relaciona a la sección **Expresión** que aparece en cada lección. El estudiante redactará tres principios transferibles, esto es enseñanzas derivadas de la lección que sirvan de provecho y edificación tanto para el estudiante como también para otros. Estos principios o enseñanzas se deben expresar en forma concisa, esto es preferiblemente en una sola oración (ej: «El creyente debe defender la sana doctrina aun a gran costo personal»).

Nota: El alumno que estudia como parte de un grupo debe haber completado la primera lección antes de la reunión inicial.

2. Leer completamente el siguiente libro: *Más que maravilloso: La inmensurable persona de Dios* por Leslie Thompson (Miami: Logoi-Unilit, 2000), y escribir un ensayo de 15-20 páginas que explique el contenido del libro que leyó en sus propias palabras, y destaque la relación con el libro *El Dios que adoramos*. Debe redactar el pro-

yecto de acuerdo a las normas de trabajos académicos, usando notas a pie de página para reconocer el uso de ideas que no son propias (ver *Un manual de estilo* por Mario Llerena). Como en todos los proyectos requeridos por FLET, el plagio será sancionado severamente (ver el Catálogo Académico de FLET «Normas académicas»). El libro *Más que maravilloso* se consigue en su librería cristiana más cercana. El alumno no está obligado a comprar este material, sino que puede pedirlo prestado. Sin embargo, recomendamos que comience a desarrollar su propia biblioteca.

3. Rendir un examen que evaluará su conocimiento de la doctrina acerca de Dios. Este examen puede incluir varios tipos de preguntas (tales como selección múltiple, verdadero y falso, preguntas que requiere un ensayo breve o también preguntas de desarrollo —el alumno tendrá que escribir una respuesta breve en otra hoja). [Nota: el examen final incluirá preguntas sobre el contenido del libro *El Dios que adoramos*; por tanto, el alumno deberá repasar el libro entero, no solamente las preguntas de las lecciones.]

Pautas para la lectura

Una vez le preguntaron al presidente de la prestigiosa *Universidad de Harvard*, ¿Qué deseaba encontrar en los alumnos nuevos que llegaran a su universidad? ¿Qué quiere que sepan antes de comenzar? Su respuesta fue simplemente: «Quiero que sepan leer». Uno de los frutos del estudio independiente de FLET es aprender a leer bien. Recomendamos las siguientes pautas de buena lectura:

1. Revise el libro entero primero.
   1.1. Examine el contenido, hojee el libro, eche un vistazo para familiarizarse con él. Mire las ilustraciones, o las tablas.
   1.2. Hágase preguntas. ¿De qué se trata el libro? ¿Cuál será el enfoque? ¿Por qué debo interesarme en este tema?
2. Revise el primer capítulo en general, antes de leerlo con cuidado.
   2.1. Lea los títulos principales.
   2.2. Hágase preguntas acerca del contenido. Abra su apetito por leerlo. Si no puede convencerse que está interesado, la lectura será aburrida y lenta.
3. Lea el primer capítulo con cuidado.
   3.1. No lea ni demasiado lento ni demasiado rápido. En los dos casos, se pierde el hilo de la lectura y se distrae.
   3.2. Marque con un lápiz palabras, frases, o puntos importantes. Marque en el margen con símbolos («x», «!», «?», o cualquier símbolo que usted mismo invente y que le sea útil) puntos importantes que quisiera recordar. Escriba notas para usted mismo en el margen.
   3.3. Cuando haya terminado de leer el capítulo, vuelva a repasarlo, revisando sus propias anotaciones y reflexionando sobre el contenido.
   3.4. Pregúntese si ha entendido el capítulo. ¿Cómo explicaría esto a otra persona?
   3.5. Haga un resumen del capítulo y anote comentarios, preguntas o elabore un bosquejo, en la última página del capítulo. Escriba lo que le ayude a recordar en forma rápida lo más importante del capítulo.

4. Repita los pasos 2 y 3 con los siguientes capítulos.
5. Cuando haya terminado todo el libro, haga un repaso de todo el libro.
   5.1. Revise sus propias notas al final de cada capítulo.
   5.2. Haga un resumen del libro y anote comentarios, preguntas, o elabore un bosquejo, en las últimas páginas del libro. Escriba lo que le ayude a recordar en forma rápida lo más importante del libro.

Nota

El estudiante debe leer las secciones del texto que corresponden a la tarea de cada lección (ver sección «Programa de tareas específicas»), *antes de contestar las «Preguntas de repaso»*. Después, como una manera de repasar la materia, debe contestar las preguntas de repaso. ¡Que no forme el hábito malo de leer las preguntas primero e inmediatamente después buscar las respuestas en el libro de texto! Eso no sería una buena manera de aprender. El estudiante mismo se perjudicaría. Así que, deberá contestarlas por sí solo, y solo después verificará que estén correctas acudiendo primero al libro de texto y luego a las respuestas que se encuentran en el Manual para el facilitador. No es suficiente la simple memorización de las respuestas que están en el Manual para el facilitador para estar preparado para el examen. El examen puede incluir otras preguntas del texto y puede expresar las preguntas de una manera distinta.

Si el alumno está estudiando como individuo, el supervisor o monitor será el encargado de administrar el examen final. El alumno deberá escribir a la oficina de FLET para pedir aprobación para el supervisor o monitor que administrará el examen final, y para pedir que envíen la copia del examen final a este supervisor. Sugerimos que esta persona sea la misma que recomendó al alumno. Si el alumno está estudiando en un grupo, el facilitador será el encargado de administrar el examen final.

Calificación

La nota final será calculada de acuerdo a los siguientes porcentajes:

Guía de estudio	20%
Ensayo	40%
Examen final	40%
Total	100%

Programa de tareas específicas

Para realizar el curso en dos meses (plan regular de estudios), el estudiante deberá seguir el plan de tareas indicado abajo. Sin embargo, si el estudiante hace el curso según el plan intensivo, o según el plan extendido, tendrá que adaptar las tareas de acuerdo al período de tiempo seleccionado.

Lección 1

Leer capítulos 1 y 2 de este libro.

Contestar las diez preguntas de la lección 1, formular las tres preguntas propias, cuatro conceptos, y tres principios trasferibles.

Iniciar la lectura del libro *Mas que maravilloso* (capítulos 1-3) para el ensayo.

Lección 2

Leer capítulo 3 de este libro.

Contestar las diez preguntas de la lección 2, formular las

tres preguntas propias, cuatro conceptos, y tres principios trasferibles.
Leer el libro *Mas que maravilloso* (capítulos 4-6) para el ensayo.

Lección 3

Leer capítulos 4-5.
Contestar las diez preguntas de la lección 3, formular las tres preguntas propias, cuatro conceptos, y tres principios trasferibles.
Leer el libro *Mas que maravilloso* (capítulos 7-9) para el ensayo.

Lección 4

Leer capítulo 6.
Contestar las diez preguntas de la lección 4, formular las tres preguntas propias, cuatro conceptos, y tres principios trasferibles.
Leer el libro *Mas que maravilloso* (capítulos 10-11) para el ensayo.

Entrega de tareas a mediados del curso

Inmediatamente después de la cuarta lección, deberá enviar su cuaderno de trabajo con las tareas detalladas de la guía de estudio correspondientes a las lecciones 1—4 (diez preguntas, cuatro conceptos, y tres principios).El alumno que estudie como individuo deberá enviar las tareas a la dirección de correo electrónico tareas@flet.edu o por correo postal a la oficina de la Universidad FLET. Si el alumno forma parte de un grupo de estudio, deberá entregar sus tareas al facilitador.

Lección 5

Leer capítulos 7-8.

Contestar las diez preguntas de la lección 5, formular las tres preguntas propias, cuatro conceptos, y tres principios trasferibles.

Empezar a escribir secciones del ensayo.

Lección 6

Leer capítulo 9.

Contestar las diez preguntas de la lección 6, formular las tres preguntas propias, cuatro conceptos, y tres principios trasferibles.

Seguir escribiendo secciones del ensayo.

Lección 7

Leer capítulo 10.

Contestar las diez preguntas de la lección 7, formular las tres preguntas propias, cuatro conceptos, y tres principios trasferibles.

Escribir un borrador del ensayo completo.

Lección 8

Leer capítulo 11.

Contestar las diez preguntas de la lección 8, formular las tres preguntas propias, cuatro conceptos, y tres principios trasferibles.

Escribir el documento final del ensayo.

Examen final

Si el alumno está estudiando en un grupo, el facilitador administrará el examen final y enviará las hojas de respuestas a la oficina de FLET.

Si está estudiando como individuo, el supervisor o monitor que ha sido autorizado por FLET administrará el examen final y enviará la hoja de respuestas a la oficina de FLET.

El examen final no será una mera repetición de las preguntas de repaso; podrá expresarlas de una manera distinta o podrá incluir otras preguntas del texto. Sin embargo, si el alumno ha realizado un estudio consciente del texto y conoce las respuestas para las preguntas de repaso, podrá rendir un buen examen.

Entrega de tareas a fines del curso

En la última lección (8), deberá enviar las tareas detalladas de la guía de estudio correspondientes a las lecciones 5—8 (diez preguntas, cuatro conceptos, y tres principios), y el ensayo.

El alumno que estudie como individuo deberá enviar las tareas a la dirección de correo electrónico tareas@flet.edu o por correo postal a la oficina de la Universidad FLET. Si el alumno forma parte de un grupo de estudio, deberá entregar sus tareas al facilitador.

Libros recomendados para lectura adicional

Para enriquecer aun más su conocimiento acerca de la doctrina bíblica de Dios recomendamos la siguiente bibliografía:

Berkhof, Louis. *Teología sistemática*. Michigan: T.E.L.L. 1981 (capítulos 1—8, pp. 19-116, Primera parte, primera sección: «La doctrina de Dios»).

Boice, James Montgomery. *Los fundamentos de la fe cristiana*. Miami: Logoi-Unilit, 1996 (capítulos 9—14, pp. 97-148, parte III «Los atributos de Dios»).

Chafer, Lewis Sperry. *Teología sistemática*. Milwaukee: Publicaciones Españolas, 1986.

Garrett, James Leo, h. *Teología sistemática*, Tomo I. El Paso: Casa Bautista de Publicaciones, 1996 (Capítulos 13—23).

Geisler, Norman, y Brooks, Ron. *Apologética*. Miami: Logoi-Unilit, 1997 (capítulos 2 y 3, pp. 19-70).

La Cueva, Francisco. *Curso práctico de la teología bíblica*. Barcelona: Editorial CLIE, 1998 (Lecciones 1-20 de la parte I).

Richardson, Stanton W. *Manual de teología bíblica*. Barcelona: CLIE (capítulo II: La teología propiamente como tal, pp. 95-133).

Ryrie, R.C. *Teología básica*. Miami: Unilit (capítulos 4—8, pp. 27-67).

Sproul, R. C. *Las grandes doctrinas de la Biblia*. Miami: Logoi-Unilit, 1996 (capítulos 10—18, pp. 33-59, Parte II «La naturaleza y los atributos de Dios»).

Pautas para escribir un ensayo

La Universidad FLET exige un nivel *universitario* en las tareas escritas. Si los ensayos no cumplen con los requisitos, serán reprobados. Las siguientes pautas deben ser seguidas estrictamente. Para mayor información, consulte el libro *Un manual de estilo*, por Mario Llerena (Unilit/Logoi).

Pautas generales

1. Exprese una idea propia

Un ensayo debe ser la expresión de la idea de su autor, y no simplemente una recopilación de ideas de otros. El autor debe tener algo en mente que él o ella quiere comunicar, idealmente un solo concepto principal. Por ejemplo, el ensayo podría tener el propósito de convencer al lector que Cristo es suficiente para nuestra salvación, o que Agustín era el teólogo más importante de su época, o que Génesis 3 explica todos los problemas de la humanidad. Por supuesto, el autor toma en cuenta las ideas de otros, pero utiliza estas fuentes para apoyar su teoría, o bien para mostrar el contraste con ideas contrarias. Las distintas partes del ensayo presentan evidencia o argumentos para apoyar la idea central, para mostrar ideas contrastantes, o para ilustrar el punto. El lector debe llegar a la conclusión sabiendo cuál fue la idea principal del ensayo.

2. No use demasiado las citas bíblicas

Un buen ensayo no debe citar pasajes bíblicos largos, simplemente para llenar las páginas requeridas. Una cita bíblica de más de 10 versículos es demasiado larga. En el caso de referirse a un texto extenso, es mejor poner la referencia bíblica solamente. No más del 25% del ensayo debe ser citas bíblicas. Por supuesto, el argumento debe estar basado en la Biblia, pero si hay muchas citas, el autor debe poner simplemente las referencias de algunas, para reducirlas a un 25% del contenido del ensayo.

3. Indique sus fuentes

Cuando el autor utiliza ideas de otras fuentes, es absolutamente necesario indicar cuáles son esas fuentes. Si el autor no lo hace, da la impresión de que las ideas citadas sean de él, lo cual no es honesto y es llamado «plagio». Si el autor menciona una idea contenida en otro libro o artículo que haya leído, aunque no sea una cita textual, debe colocar un número al final de la misma, ligeramente sobre la línea del texto (volado) [1], y una nota al pie de la página, con la información del texto empleado, usando el siguiente formato:

1 Autor [nombre primero, apellido después], *Nombre del libro* [en letra cursiva] (lugar de publicación: editorial, año) [entre paréntesis, con doble punto y una coma, tal como aparece aquí], la página, o páginas citadas.

Ofrecemos el siguiente ejemplo:

2 Federico García Lorca, *Bodas de Sangre* (Barcelona: Ayma, S.A., 1971), p. 95.

Vea Mario Llerena, *Un manual de estilo*, para otros posibles tipos de nota, por ejemplo cuando hay varios autores, o cuando la cita corresponde a un artículo de una revista.

Cuando cite directamente, la cita debe estar entre comillas, y también debe poner una nota al pie de la página con la información de la fuente.

4. Organice bien sus ideas con un buen bosquejo

El buen ensayo siempre está bien organizado, y las ideas que contiene siguen algún orden lógico. Por tanto, haga un buen bosquejo para asegurar una buena organización. El ensayo debe tener divisiones principales, y estas a su vez subdivisiones que contengan ideas subordinadas al tema de la división mayor. Las divisiones principales deben estar en paralelo, ya que son distintas en contenido pero iguales en importancia. El sistema tradicional de enumeración es usar números romanos para las divisiones principales, letras mayúsculas para las primeras subdivisiones y números árabes para las segundas subdivisiones. En los ensayos de FLET, que no contienen más de quince páginas, no es conveniente dividir los bosquejos en secciones menores que estas. Por ejemplo, un posible bosquejo de la Carta a los Romanos sería así:

La Carta a los Romanos

I. Doctrina
- A. El pecado
  - 1. La ira de Dios contra el pecado
  - 2. Todos los hombres son pecadores
- B. La justificación por la fe
- C. La santificación por la fe
- D. La seguridad eterna

II. Exhortaciones prácticas
- A. El amor
- C. La sumisión a las autoridades
- etc.

La introducción y la conclusión del ensayo no llevan numeración.

Introducción
I.
- A.
  - 1.
  - 2.
- B.

II.
III.
Conclusión

4. Buenos párrafos

El párrafo es la unidad clave de un ensayo. Revise cada párrafo para asegurarse de que:

a. Todas las oraciones del párrafo tratan el mismo tema.

b. La idea central del párrafo está en la primera o en la última oración.
c. Las demás oraciones contribuyen al tema central del párrafo, apoyando o mostrando contraste o dando ilustraciones.

No tenga cuidado en eliminar oraciones que no estén relacionadas con el tema del párrafo. Posiblemente estén mejor en otro párrafo, o quizás deba empezar un nuevo párrafo.

5. Incluya una bibliografía

Al final del ensayo, se debe incluir una bibliografía, una lista de todas las fuentes (libros y artículos) utilizadas en su investigación. El formato para la bibliografía es un poco distinto del formato de la nota al pie de página. Por ejemplo:

García Lorca, Federico. *Bodas de Sangre.* Barcelona: Ayma, S.A., 1971.

Note que el apellido va delante del nombre, no se indican las páginas, y la puntuación es distinta.

6. Use buena forma

El ensayo debe estar bien escrito, con buena ortografía, puntuación y sintaxis. Si tiene problemas o dudas al respecto, repase un curso de gramática y ortografía. La Universidad FLET exige que sus estudiantes estén adecuadamente capacitados en el uso correcto de la ortografía y gramática española. Errores comunes son:

¡Mala ortografía y falta de tildes!

(Si escribe en una computadora, ¡aproveche del corrector ortográfico automático!)

Oraciones extensas que deben ser divididas en dos o más oraciones.

(Si empieza una idea nueva, debe hacer una nueva oración.)

Párrafos con una sola oración.

(Si hay una sola oración, debe ponerla bajo otro párrafo, o simplemente eliminarla, si no hay suficiente que decir con respecto al tema.)

Lección 1

Corresponde a los capítulos 1 y 2

Metas

1. El estudiante explorará el propósito y beneficio de conocer a Dios, entenderá la única manera en la cual podemos conocer a Dios, y comprenderá los límites de nuestros conocimientos acerca de Dios.
2. Al aplicar estos fundamentos a su vida, el estudiante se sentirá motivado a profundizar sus conocimientos acerca de Dios, a través del estudio de la Biblia.
3. El estudiante podrá comunicar los conocimientos adquiridos y motivará a otros a hacer lo mismo

Objetivos

1. El estudiante contestará las preguntas en la lección y escribirá tres preguntas propias, estudiará las gráficas y escribirá cuatro conceptos, y formulará tres principios.
2. El estudiante reflexionará acerca de cómo aplicar a su propia vida los principios de la lección.
3. El estudiante explorará maneras de comunicar los principios de esta lección a otros.

Diez preguntas

1. ¿Qué propósito tiene conocer a Dios?
2. ¿Cómo define Nyenhuis la adoración y la alabanza, y qué conexión tienen con el conocimiento de Dios?

3. ¿Qué beneficios o efectos positivos de conocer a Dios nombra Nyenhuis?
4. ¿Qué afirmaciones hace Nyenhuis respecto a nuestro concepto o idea acerca de Dios?
5. De acuerdo a Nyenhuis, ¿con qué tiene que ver la idolatría? ¿Qué aspectos adicionales pudiera agregar a las observaciones del texto?
6. ¿Cómo sabemos que puede haber adoración a Dios?
7. ¿Cómo define Nyenhuis la incomprensibilidad y la incognoscibilidad?
8. ¿Cuáles barreras, afirma Nyenhuis, limitan nuestra capacidad para comprender acerca de Dios?
9. ¿Cómo se define la verdad proposicional y qué tiene que ver con nuestra capacidad para tener conocimiento de Dios?
10. ¿Qué «supuestos básicos» acerca de la revelación bíblica presenta Nyenhuis en la lección?

- Escribir tres preguntas propias.

Dibujos explicativos

Estos dibujos o gráficos son diseñados a fin de proveerle una manera sencilla de organizar y memorizar cuatro puntos esenciales del capítulo. Tome una hoja de papel y reproduzca los dibujos entre cinco y siete veces mientras piensa en el significado de cada cuadro. Luego tome otra hoja de papel en blanco y trate de dibujar los gráficos de memoria junto con una breve explicación de lo que cree que significa. Las ilustraciones son tan sencillas que hasta los que no saben dibujar pueden hacerlas. Si usted lo prefiere haga sus propios diseños a fin de memorizar mejor lo estudiado. Como parte de esta tarea deberá escribir cuatro conceptos de los gráficos (uno por cada gráfico).

Gráficos de los puntos principales

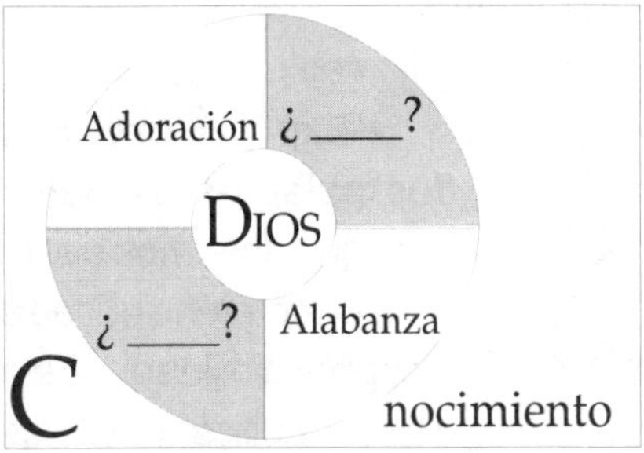

• **Explicación:** El autor, Gerard Nyenhuis, explora la relación entre el conocimiento de Dios, la adoración y la alabanza. Afirma que el saber acerca de Dios tiene como fin que podamos conocerlo, o disfrutar de comunión con Él. La adoración y la alabanza representan aspectos de esa comunión (la obediencia y el honrar serían otros, por ejemplo). Nyenhuis aboga correctamente que «relación, amistad, lazo, compañerismo, unión, vínculo, alabanza, adoración», son palabras relacionadas con nuestra relación y comunión con Dios, y además: son «nociones difíciles de concebir sin el conocimiento de Dios». Y concluye que «adoración y alabanza presuponen conocimiento».

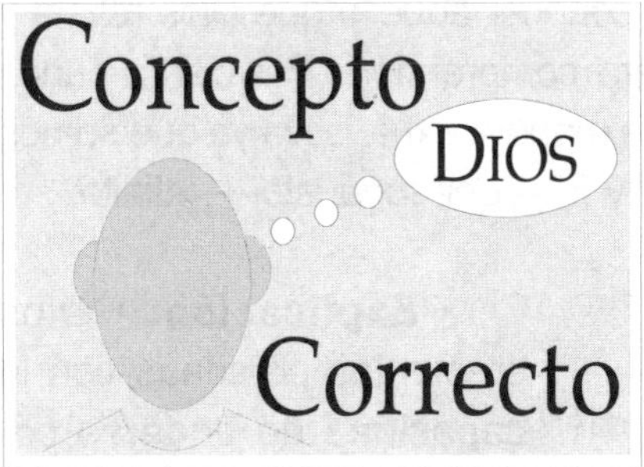

• **Explicación:** Nyenhuis (con otros) afirma que «nada nos caracteriza tanto como lo que tenemos en la mente cuando pensamos en Dios». Otros dicen que lo primero que viene a nuestra mente cuando se menciona a Dios es lo más determinante o importante de nosotros como personas. Así, Nyenhuis escribe que «la idea que tenemos de Dios se refleja en nuestra personalidad, formándola o transformándola». El concepto que tenemos de Dios ejerce tanta influencia en nuestras vidas y personas que debemos tener una idea que refleje quién es Él realmente. Pero por encima de eso, Dios merece ser conocido sencillamente por lo que es.

• **Explicación:** Hay dos palabras similares pero que debemos distinguir: incomprensibilidad e incognoscibilidad. Esta última significa que no se puede conocer algo en forma absoluta. No podemos afirmar esto acerca de Dios ya que las mismas Escrituras lo contradicen cuando indican, por ejemplo: *«Pues habiendo conocido a Dios, no le glorificaron como a Dios, ni le dieron gracias, sino que se envanecieron en sus razonamientos, y su necio corazón fue entenebrecido»* (Romanos 1.21). La primera admite conocimiento aunque no exhaustivo. Nyenhuis la usa para hablar de las limitaciones del hombre de poder conocer a Dios. Afirma que podemos conocer aquello que Dios revela y que tenemos capacidad para comprender. Por cierto, nunca podremos conocer a Dios de manera exhaustiva ya que somos (y siempre seremos) finitos, y Él —por supuesto—, infinito.

• **Explicación:** Dios creó a las personas con la capacidad de poderse comunicar con, y recibir revelación de Él mediante proposiciones o contenido racional. Dios se revela a sí mismo de manera racional y nosotros comprendemos su revelación de la misma manera. La revelación de Dios es racional, lógica, y sin duda verdadera. Por medio de su revelación podemos llegar a conocerlo. De manera que, como otros han dicho, el uso más alto de nuestras capacidades para pensar, razonar y aprender yace en llegar a conocer cada vez más a Dios. El conocimiento de Él es posible ya que fuimos creados con la capacidad para hacerlo y Él se ha comunicado con nosotros conforme a dicha capacidad creada por Él mismo para ese fin.

Expresión

Los alumnos deben comunicar sus conocimientos a otros (creyentes y no creyentes) así como expresarlos mediante su conducta. Asimismo, esperamos que expresen sus peticiones y pensamientos íntimos a Dios. Para cumplir con esta sección el alumno debe:

- Redactar tres principios transferibles, provenientes de la lección, aplicables en la vida cristiana.
- Explorar (junto con los compañeros) maneras creativas para comunicar los principios bíblicos a otros.
- Orar los unos por los otros, por sus respectivas iglesias, así como por todo contacto evangelístico u oportunidad para ministrar que se presente.

Lección 2

Corresponde a capítulo 3

Metas

1. El estudiante comprenderá la importancia que tiene la creación en cuanto a la doctrina de Dios.
2. El estudiante aplicará esta comprensión a su propia vida.
3. El estudiante podrá comunicar lo que aprendió a otros.

Objetivos

1. El estudiante contestará las preguntas en la lección y escribirá tres preguntas propias, estudiará las gráficas y escribirá cuatro conceptos, y formulará tres principios.
2. El estudiante reflexionará acerca de cómo aplicar a su propia vida principios de la lección.
3. El estudiante explorará maneras de comunicar los principios de esta lección a otros.

Diez preguntas

1. De acuerdo a Nyenhuis, ¿qué conexión hay entre la adoración, la creación, y el Dios Creador?
2. ¿Qué razones da Nyenhuis para abogar que debemos estudiar la creación?
3. ¿Cómo nos ayuda la comprensión de la creación para poder entender la doctrina bíblica de la antropología (el estudio del hombre)?
4. ¿Cómo relaciona Nyenhuis la enseñanza bíblica acerca de la creación con la unidad cristiana?

5. ¿Qué sugiere el autor con referencia a la creación de la «nada» y qué relación tiene ella con el tiempo?
6. ¿Qué significan las palabras «bara» y «ktizoo», y qué uso incorrecto se hace a menudo de la primera?
7. ¿Qué considera Nyenhuis más importante acerca de la enseñanza bíblica acerca de la creación? Señale dos aspectos.
8. ¿Qué significa la comunicación con proposiciones y cómo se relaciona esto a la revelación de Dios con sus criaturas?
9. ¿De qué manera sabemos que Dios actuó como Trinidad en la actividad creadora (provea un texto bíblico para el Padre, el Hijo, y el Espíritu Santo)?
10. ¿Qué sabemos acerca de las razones por las cuales Dios decidió crear el universo?

- Escribir tres preguntas propias.

Dibujos explicativos

Estos dibujos o gráficos son diseñados a fin de proveerle una manera sencilla de organizar y memorizar cuatro puntos esenciales del capítulo. Tome una hoja de papel y reproduzca los dibujos entre cinco y siete veces mientras piensa en el significado de cada cuadro. Luego tome otra hoja de papel en blanco y trate de dibujar los gráficos de memoria junto con una breve explicación de lo que cree que significa. Las ilustraciones son tan sencillas que hasta los que no saben dibujar pueden hacerlas. Si usted lo prefiere haga sus propios diseños a fin de memorizar mejor lo estudiado. Como parte de esta tarea deberá escribir cuatro conceptos de los gráficos (uno por cada gráfico).

Gráficos de los puntos principales

• **Explicación:** En el Salmo 19.1 leemos: *«Los cielos cuentan la gloria de Dios, y el firmamento anuncia la obra de sus manos».* Además, en Romanos 1 descubrimos que Dios se ha revelado a todos por medio de su creación: *«porque lo que de Dios se conoce les es manifiesto, pues Dios se lo manifestó. Porque las cosas invisibles de él, su eterno poder y deidad, se hacen claramente visibles desde la creación del mundo, siendo entendidas por medio de las cosas hechas, de modo que no tienen excusa».* Así, la creación señala al Creador que la hizo y nos enseña acerca de Él. Nyenhuis afirma que «la creación nos dice quién es [Dios] y [en parte] cuál es su relación con nosotros».

• **Explicación:** La enseñanza bíblica acerca de la creación tiene gran importancia en la creencia del cristianismo. Nyenhuis provee seis razones (aunque tal vez haya más) por las cuales debemos estudiar la creación: 1. La Biblia misma hace énfasis en ella. 2. La creación es esencial en la cosmovisión cristiana. 3. La comprensión de otras doctrinas de la Biblia depende de ello (la antropología, por ejemplo). 4.

Nos ayuda a distinguir el cristianismo de [*algunas*] otras religiones. 5. Nos ayuda a entender la relación entre el cristianismo y las ciencias. 6. Puede contribuir al presentar una cosmovisión cristiana ante el mundo de manera coherente.

• **Explicación:** Nyenhuis afirma que la enseñanza acerca de la creación es «suficiente para explicar la existencia de todo el mundo». Esto es, la creación tiene que ver con la explicación de todo (nos ayuda a comunicar el argumento [cosmológico] fundamental para la existencia de Dios). Además, nos ayuda a comprender que hay una relación entre Creador y criatura que demanda reconocimiento del hecho así como la glorificación, adoración, amor, y obediencia correspondientes. Además, la enseñanza acerca de la creación trata también con la posesión, es decir, que Dios es dueño de todo. De manera que hay varias verdades que afectan nuestro pensar y actuar relacionadas con la enseñanza acerca de la creación.

• **Explicación:** Algunas personas afirman que Dios creó al hombre porque se sentía solo y necesitaba compañerismo. Aunque el Dios de la Biblia es amor, como indica 1 Juan 4.8b, la idea de que fuimos creados para beneficiar a Dios representa una enseñanza errónea. En primer lugar, Dios es existencia perfecta, no necesita nada. Si careciera de algo no sería Dios. En segundo lugar, el Padre, el Hijo y el Espíritu Santo han disfrutado de compañerismo durante toda la eternidad. De manera que Dios no fue forzado a crear, ni tuvo que hacerlo para llenar ninguna necesidad. Entonces, ¿por qué creó Dios? Por cierto, parte de la respuesta es un misterio. Pero, aunque tal vez tuvo varios propósitos con ello, el principal es su propia gloria. Todo —ya sea de manera directa o indirecta— glorifica y glorificará a Dios.

Expresión

Los alumnos deben comunicar sus conocimientos a otros (creyentes y no creyentes) así como expresarlos mediante su conducta. Asimismo, esperamos que expresen sus peticiones y pensamientos íntimos a Dios. Para cumplir con esta sección el alumno debe:

- Redactar tres principios transferibles, provenientes de la lección, aplicables en la vida cristiana.
- Explorar (junto con los compañeros) maneras creativas para comunicar los principios bíblicos a otros.
- Orar los unos por los otros, por sus respectivas iglesias, así como por todo contacto evangelístico u oportunidad para ministrar que se presente.

Lección 3

Corresponde a los capítulos 4 y 5

Metas

1. El estudiante sabrá qué es un atributo, y podrá nombrar los atributos comunicables e incomunicables.
2. El estudiante aplicará esta comprensión a su propia vida.
3. El estudiante podrá comunicar lo que aprendió a otros.

Objetivos

1. El estudiante contestará las preguntas en la lección y escribirá tres preguntas propias, estudiará las gráficas y escribirá cuatro conceptos, y formulará tres principios.
2. El estudiante reflexionará acerca de cómo aplicar a su propia vida principios de la lección.
3. El estudiante explorará maneras de comunicar los principios de esta lección a otros.

Diez preguntas

1. De acuerdo a Nyenhuis, ¿qué es necesario si vamos a adorar a Dios y a alabarlo?
2. ¿Cuáles son las tres formas en las que Nyenhuis define los atributos de Dios? ¿Qué piensa usted al respecto?
3. ¿Cuál es la definición de «atributo de Dios» más completa que el autor propone? ¿Qué opina de ella?
4. ¿Qué términos principales se usan al hablar de cómo es Dios?

5. ¿Qué diferencia hay entre los atributos comunicables y los incomunicables?
6. ¿Qué enumeración provee Nyenhuis para los atributos incomunicables?
7. ¿Qué explica acerca de los atributos comunicables? En particular, ¿qué dice acerca de la gracia de Dios y su amor?
8. De acuerdo a Nyenhuis, ¿cuál es la relación entre la esencia de Dios y sus atributos?
9. El alumno debe leer el artículo «La creación, la existencia y el carácter de Dios», por Francis Schaeffer, y escribir su propia reacción al mismo, basándose en: Puntos con los que concuerda. Puntos de desacuerdo. Aplicación práctica.
10. El alumno escribirá una aplicación práctica para su vida cristiana que obtuvo de esta lección.
- Escribir tres preguntas propias.

Dibujos explicativos

Estos dibujos o gráficos son diseñados a fin de proveerle una manera sencilla de organizar y memorizar cuatro puntos esenciales del capítulo. Tome una hoja de papel y reproduzca los dibujos entre cinco y siete veces mientras piensa en el significado de cada cuadro. Luego tome otra hoja de papel en blanco y trate de dibujar los gráficos de memoria junto con una breve explicación de lo que cree que significa. Las ilustraciones son tan sencillas que hasta los que no saben dibujar pueden hacerlas. Si usted lo prefiere haga sus propios diseños a fin de memorizar mejor lo estudiado. Como parte de esta tarea deberá escribir cuatro conceptos de los gráficos (uno por cada gráfico).

Gráficos de los puntos principales

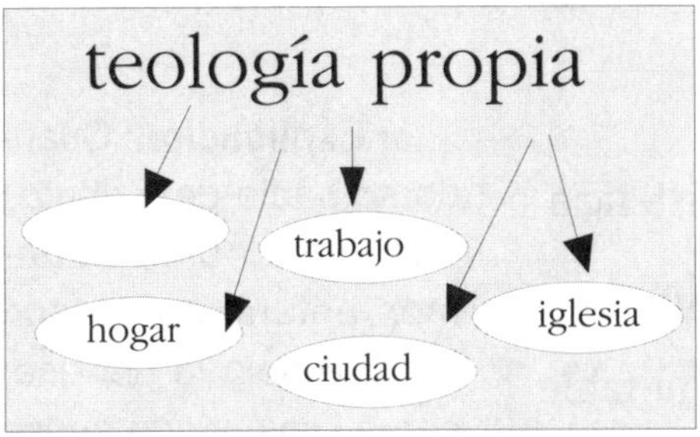

• **Explicación:** El texto amonesta que el estudio acerca de Dios no debe ser algo meramente académico sino que debe afectar toda nuestra vida. ¿Cómo cambiará nuestra vida luego de saber que Dios es amor, que es justo, e infinito? ¿Qué cambios haremos en nuestro trabajo o nuestro entorno como resultado de conocer mejor a Dios? ¿Qué efecto tendrá nuestro estudio en relación con nuestra adoración y la manera en la cual participamos en iglesia? Estas y otras preguntas deben motivarnos a pensar en aplicaciones prácticas de este estudio a la manera en la que vivimos, tratamos a otros, y nos relacionamos con Dios.

• **Explicación:** Nyenhuis enumera varias maneras en las que los teólogos clasifican los atributos de Dios. Por cierto, también se ha debatido si debemos llamarles atributos o perfecciones. Con referencia a ello, debemos recordar que los atributos describen aquello que Dios es y no algo que Él tiene. Y, por cierto, todo lo que Él es, es perfecto. Nyenhuis prefiere la palabra atributos y los clasifica como comunicables e incomunicables. Los primeros son aquellos que Dios le puede comunicar a las criaturas. Los últimos, solo le pertenecen a Él.

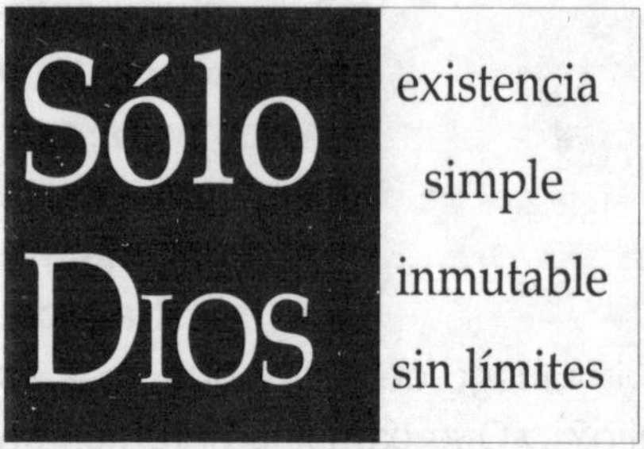

• **Explicación:** Cuando se habla de atributos incomunicables debemos entender que son los que solo le pertenecen a Dios, y que nunca caracterizarán a ningún ser creado. Por ejemplo, Dios *es* existencia pura, pero las criaturas *tienen* existencia (la que Él les da). La perfecta existencia de Dios se entiende en parte en que nunca tuvo ni principio ni fin. Él tampoco es un ser compuesto (como lo somos nosotros). Él nunca cambia. No crece, no aprende, no llega a ser ni menos ni más. Todo lo que es, lo es perfectamente. Las criaturas, como nosotros, siempre tendremos límites, de manera que nunca seremos Dios. Llegar a ser Dios es imposible. Dios sencillamente es.

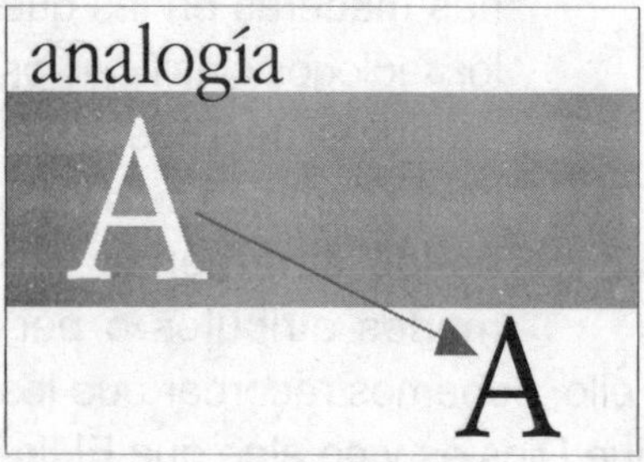

• **Explicación:** Las criaturas comparten los atributos comunicables de manera análoga con Dios. Es decir, recibimos el mismo atributo, pero de manera limitada. Así que la existencia significa lo mismo tanto para nosotros como para Él. Pero Dios no tiene límites, mientras que nosotros sí. Dios es existencia y aun cuando nosotros la tenemos también, la nuestra es limitada. No obstante, es existencia en ambos casos. Esto nos ayuda a saber algo de lo que Dios es, y no solo lo que no es. Nyenhuis afirma que «algunos de los atributos de Dios se encuentran en forma de eco o reflejo en el ser humano, pues en parte esto es lo que quiere decir la Biblia con que el hombre está hecho a la imagen y semejanza de Dios».

Expresión

Los alumnos deben comunicar sus conocimientos a otros (creyentes y no creyentes) así como expresarlos mediante su conducta. Asimismo, esperamos que expresen sus peticiones y pensamientos íntimos a Dios. Para cumplir con esta sección el alumno debe:

- Redactar tres principios transferibles, provenientes de la lección, aplicables en la vida cristiana.
- Explorar (junto con los compañeros) maneras creativas para comunicar los principios bíblicos a otros.
- Orar los unos por los otros, por sus respectivas iglesias, así como por todo contacto evangelístico u oportunidad para ministrar que se presente.

Lección 4

Corresponde al capítulo 6

Metas

1. El estudiante aprenderá más acerca de algunos atributos de Dios.
2. El estudiante aplicará esta comprensión a su propia vida.
3. El estudiante podrá comunicar lo que aprendió a otros.

Objetivos

1. El estudiante contestará las preguntas de la lección y escribirá tres preguntas propias, estudiará las gráficas y escribirá cuatro conceptos, y formulará tres principios.
2. El estudiante reflexionará acerca de cómo aplicar a su propia vida principios de la lección.
3. El estudiante explorará maneras de comunicar los principios de esta lección a otros.

Diez preguntas

1. ¿Qué significa la afirmación que Dios es trascendente e inmanente a la vez?
2. ¿Qué atributo de Dios representa el más destacado?
3. ¿Qué afirma Nyenhuis acerca del amor en relación con otros de los atributos?
4. Según el autor, ¿en qué sentido «solo Dios es soberano»? Y, ¿qué otras características, de acuerdo a él, tiene la soberanía de Dios?

5. Busque en una concordancia tres textos de la Biblia que afirman la fidelidad de Dios. Anótelos.
6. Para Nyenhuis, ¿qué significa la siguiente terminología: a. justicia rectora; b. justicia remunerativa; c. justicia retributiva?
7. ¿Cuál es la relación de nuestra salvación ante la justicia de Dios?
8. Escriba una definición breve para los cuatro atributos incomunicables de Dios
9. El alumno debe leer el artículo «La seguridad descansa en el control divino», por Rolando Gutiérrez Cortés, y escribir su reacción al mismo basándose en: Puntos con los que concuerda. Puntos de desacuerdo. Aplicación práctica.
10. El alumno escribirá una aplicación práctica para su vida obtenida de esta lección.

- Escribir tres preguntas propias.

Dibujos explicativos

Estos dibujos o gráficos son diseñados a fin de proveerle una manera sencilla de organizar y memorizar cuatro puntos esenciales del capítulo. Tome una hoja de papel y reproduzca los dibujos entre cinco y siete veces mientras piensa en el significado de cada cuadro. Luego tome otra hoja de papel en blanco y trate de dibujar los gráficos de memoria junto con una breve explicación de lo que cree que significa. Las ilustraciones son tan sencillas que hasta los que no saben dibujar pueden hacerlas. Si usted lo prefiere haga sus propios diseños a fin de memorizar mejor lo estudiado. Como parte de esta tarea deberá escribir cuatro conceptos de los gráficos (uno por cada gráfico).

Gráficos de los puntos principales

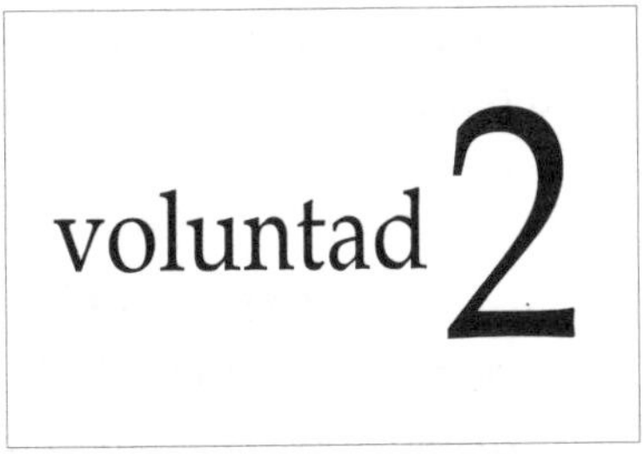

• **Explicación:** Estamos acostumbrados a hablar en función de la voluntad de Dios como aparece en las Escrituras, lo cual sirve para dirigir al creyente. Además, hablamos de la voluntad soberana de Dios (su decreto o plan eterno), la voluntad permisiva (aquello que Él permite sin patrocinarlo o estar de acuerdo con ello, el pecado por ejemplo), y la voluntad perfecta (cuando el creyente hace lo que Dios desea, que se puede realizar cuando obedecemos su Palabra). Nyenhuis trata de la voluntad de Dios desde el punto de vista de Su independencia y afirma dos cosas al respecto. Por un lado, nadie obliga a Dios a actuar. No obstante, Él puede obligarse a sí mismo a través de las promesas que hace y que Él mismo se compromete a cumplir.

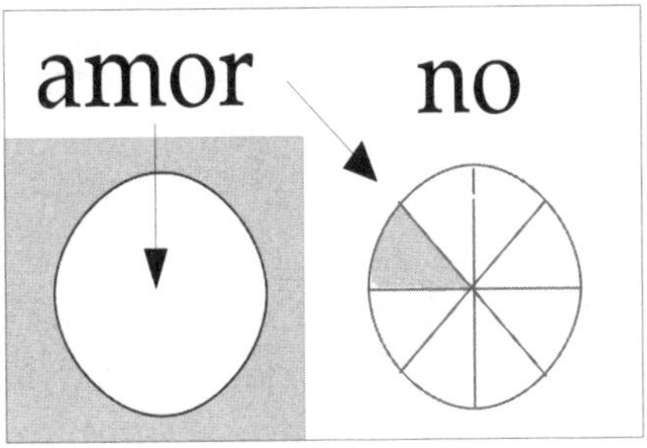

• **Explicación:** Las Escrituras afirman correctamente que Dios es amor y que además lo demuestra (1 Juan 4.8; Juan 3.16; Romanos 5.8). Nyen-huis observa que es muy frecuente en nuestra cultura pensar en este atributo como si fuese el único que Dios tiene. Si pensamos que Dios no tiene atributos sino más bien que dichos atributos o perfecciones nos dicen lo que Él es, es correcto afirmar entonces que Dios es amor. Pero también es justo y santo, por ejemplo. No es que tenga justicia o santidad sino que Él es justo y santo y actúa de acuerdo con lo que es. Así que no podemos ni debemos decir que Dios es parte amor y parte justicia.

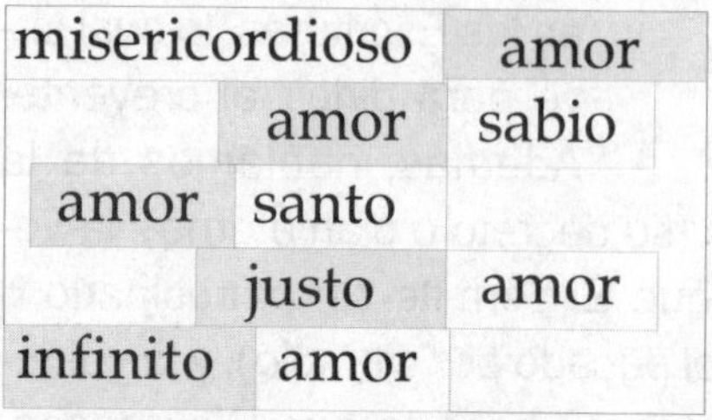

• **Explicación:** Nyenhuis pregunta: ¿Quién puede hablar de un amor humano que sea eterno, singular, independiente, e inmutable y a la vez santo, justo, soberano, sabio, bueno, y veraz? En contexto, Nyenhuis está hablando de los atributos comunicables (como el amor), pero su comentario señala otra verdad: la armonía que existe en Dios. Como se ha dicho, sus atributos incomunicables califican los comunicables para que el amor sea infinito, la justicia, y en fin todas esas perfecciones. Además, todos los atributos o perfecciones están en perfecta armonía.

• **Explicación:** El texto afirma que no hay justicia o ley externa a Dios que lo juzgue. Es cierto. La ley proviene de Dios, que es justo en sí mismo. También Nyenhuis habla de justicia rectora, remunerativa, y retributiva. La primera trata de la norma que se usa para juzgar al hombre. La segunda tiene que ver con las recompensas y premios que Dios da. Y, la tercera trata de los castigos que

Dios impone como resultado del pecado. Por cierto, debemos entender nuestra salvación con referencia a la justicia de Dios. Él pagó por nuestros pecados a fin de poder ser justos y justifica a los que creen en Él. No pudo ofrecer salvación gratuita sin que alguien pagara el precio, lo cual hizo nuestro Señor Jesucristo.

Expresión

Los alumnos deben comunicar sus conocimientos a otros (creyentes y no creyentes) así como expresarlos mediante su conducta. Asimismo, esperamos que expresen sus peticiones y pensamientos íntimos a Dios. Para cumplir con esta sección el alumno debe:

- Redactar tres principios transferibles, provenientes de la lección, aplicables en la vida cristiana.
- Explorar (junto con los compañeros) maneras creativas para comunicar los principios bíblicos a otros.
- Orar los unos por los otros, por sus respectivas iglesias, así como por todo contacto evangelístico u oportunidad para ministrar que se presente.

Lección 5

Corresponde a capítulos 7 y 8

Metas

1. El estudiante aprenderá más acerca de algunos atributos de Dios y estudiará algunos nombres de Dios.
2. El estudiante aplicará esta comprensión a su propia vida.
3. El estudiante podrá comunicar lo que aprendió a otros.

Objetivos

1. El estudiante contestará las preguntas en la lección y escribirá tres preguntas propias, estudiará las gráficas y escribirá cuatro conceptos, y formulará tres principios.
2. El estudiante reflexionará acerca de cómo aplicar a su propia vida principios de la lección.
3. El estudiante explorará maneras de comunicar los principios de esta lección a otros.

Diez preguntas

1. ¿Cómo describe el autor la santidad de Dios?
2. ¿Cómo explica el autor el conocimiento de Dios? ¿Dónde se ve especialmente la sabiduría de Dios?
3. ¿Qué implica invocar a Dios por su nombre?
4. ¿A quién designa la palabra *Padre* en el Nuevo Testamento, y qué relación destaca?
5. ¿Cómo se puede traducir el término *El* y qué significa ese nombre? ¿Qué explicación da el autor al hecho de que *Elohim* en hebreo es una forma plural del singular *El*?
6. De acuerdo a Nyenhuis ¿cuál es el significado de Adonai?

7. ¿Qué significa *El Shaddai*?
8. Explique cómo se forjó la pronunciación del nombre «Jehová». ¿A qué relación señala el nombre Jehová con respecto a su pueblo?
9. El alumno debe leer el artículo «El carácter de Dios», por Timothy Dwight, y escribir su reacción al mismo basándose en: Puntos con los que concuerda. Puntos de desacuerdo. Aplicación práctica.
10. El alumno escribirá una aplicación práctica para su vida obtenida en esta lección.

- Escribir tres preguntas propias.

Dibujos explicativos

Estos dibujos o gráficos son diseñados a fin de proveerle una manera sencilla de organizar y memorizar cuatro puntos esenciales del capítulo. Tome una hoja de papel y reproduzca los dibujos entre cinco y siete veces mientras piensa en el significado de cada cuadro. Luego tome otra hoja de papel en blanco y trate de dibujar los gráficos de memoria junto con una breve explicación de lo que cree que significa. Las ilustraciones son tan sencillas que hasta los que no saben dibujar pueden hacerlas. Si usted lo prefiere haga sus propios diseños a fin de memorizar mejor lo estudiado. Como parte de esta tarea deberá escribir cuatro conceptos de los gráficos (uno por cada gráfico).

Gráficos de los puntos principales

• **Explicación:** El nombre *El* representa la designación básica para la deidad (aun entre pueblos paganos), y a veces aparece en nombres compuestos (como *El Elyon*, Dios Altísimo). Elohim se usa para Dios, para ángeles, y seres humanos. Ahora bien, para determinar a qué se refiere debe emplearse el contexto. También hay cierto uso plural que se aplica a la majestad que intensifica la palabra y señala la grandeza de Dios. Se ha sugerido que eso sirve como indicación de la Trinidad aunque es muy dudoso que compruebe tal cosa en vista de las otras maneras en las que se usa esta palabra. Por cierto, ello no contradice la enseñanza de la Trinidad. Elohim señala la soberanía y poder de Dios.

• **Explicación:** El nombre YHWH solo se utiliza para designar al Dios verdadero. Tal parece sacar a relucir el aspecto relacional y personal de Dios en cuanto a pactar con su pueblo. Ha habido mucha discusión e investigación por parte de los eruditos acerca del significado de dicho nombre. A menudo se señala la eternidad de Dios como también su amor fiel al pacto con los suyos. Cuando Moisés pidió que Dios le dijera qué nombre usar, el SEÑOR respondió: *«YO SOY EL QUE SOY»*. Jesús usó la designación YO SOY para sí mismo (Juan 8.58, 18.5); y varios textos en el Antiguo Testamento en los cuales YHWH aparece, el Nuevo Testamento se los asigna a Jesús (véanse Isaías 6.10 y Juan 12.41).

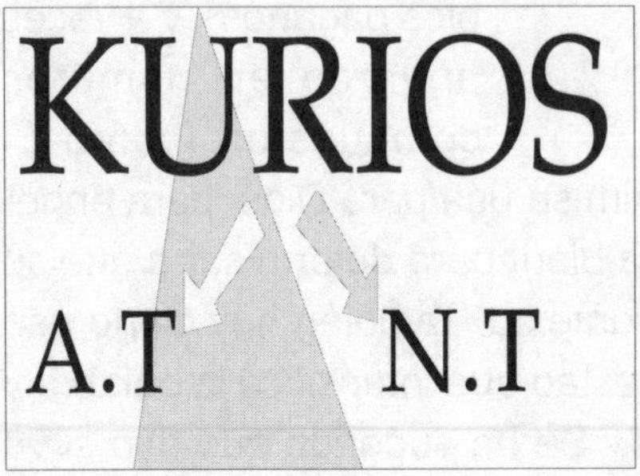

• **Explicación:** Kurios que significa Señor se usa para traducir el hebreo YHWH, y también Adonay, que significa mi Señor. La Palabra puede hacer referencia al Padre como también a Dios. No obstante, a veces se usa para hacer mención de Jesús, de modo que sirve para establecer la enseñanza acerca de su Deidad. En Mateo 3.3 (que cita el Antiguo Testamento donde aparece el nombre YHWH), leemos algo que aplica este nombre a Jesús: *«Voz del que clama en el desierto: Preparad el camino del Señor, enderezad sus sendas»*.

• **Explicación:** *Pater* es la palabra griega para Padre y se usa para la primera Persona del Dios Trino. Aunque a veces escuchamos que Dios es Padre de todos y que la totalidad de los seres humanos son sus hijos, la enseñanza bíblica difiere. Sí, hay un sentido en el cual como Creador y criatura todos somos hijos de Dios. No obstante, el Nuevo

Testamento enseña sin equivocación que solo aquellos que creen en Jesús tienen el derecho de ser llamados hijos (véanse Juan 1.12 y Gálatas 3.26). El creyente bajo la gracia, que tiene a Dios como Padre, debe vivir como el hijo que en realidad es (lo cual resulta imposible sin el Espíritu Santo y su ayuda (véanse Romanos 6—8; Gálatas 4—6).

Expresión

Los alumnos deben comunicar sus conocimientos a otros (creyentes y no creyentes) así como expresarlos mediante su conducta. Asimismo, esperamos que expresen sus peticiones y pensamientos íntimos a Dios. Para cumplir con esta sección el alumno debe:

- Redactar tres principios transferibles, provenientes de la lección, aplicables en la vida cristiana.
- Explorar (junto con los compañeros) maneras creativas para comunicar los principios bíblicos a otros.
- Orar los unos por los otros, por sus respectivas iglesias, así como por todo contacto evangelístico u oportunidad para ministrar que se presente.

Lección 6

Corresponde al capítulo 9

Metas

1. El estudiante aprenderá algunos datos acerca de la historia de la doctrina de la Trinidad.
2. El estudiante aplicará esta comprensión a su propia vida.
3. El estudiante podrá comunicar lo que aprendió a otros.

Objetivos

1. El estudiante contestará las preguntas en la lección y escribirá tres preguntas propias, estudiará las gráficas y escribirá cuatro conceptos, y formulará tres principios.
2. El estudiante reflexionará acerca de cómo aplicar a su propia vida principios de la lección.
3. El estudiante explorará maneras de comunicar los principios de esta lección a otros.

Diez preguntas

1. ¿Qué posición asume Nyenhuis en cuanto a nuestra comprensión de la doctrina de la Trinidad?
2. Según el autor, ¿quién fue el teólogo más destacado en la enseñanza acerca de la Trinidad?
3. ¿Cuáles fueron las principales herejías, de acuerdo a nuestro texto, y con qué trataban?
4. ¿Qué valor práctico tuvieron esas controversias, de acuerdo a Nyenhuis?

5. ¿Qué creían los adopcionistas o monarquianos dinámicos?
6. ¿Qué enseñaba el monarquianismo modalista o sabeliano?
7. ¿Qué significan *homoousios* y *homoiousios* en el contexto del Concilio de Nicea, en 325?
8. ¿Cuáles fueron los cuatro concilios que trataron los temas relacionados con la Trinidad, y qué afirmaron?
9. El alumno debe leer el artículo «El valor de la doctrina de la Trinidad», por Oliver Buswell, y escribir su reacción basándose en: Puntos con los que concuerda. Puntos de desacuerdo. Aplicación práctica.
10. El alumno concluirá y redactará una aplicación práctica de esta lección que le parezca útil para su vida.

- Escribir tres preguntas propias.

Dibujos explicativos

Estos dibujos o gráficos son diseñados a fin de proveerle una manera sencilla de organizar y memorizar cuatro puntos esenciales del capítulo. Tome una hoja de papel y reproduzca los dibujos entre cinco y siete veces mientras piensa en el significado de cada cuadro. Luego tome otra hoja de papel en blanco y trate de dibujar los gráficos de memoria junto con una breve explicación de lo que cree que significa. Las ilustraciones son tan sencillas que hasta los que no saben dibujar pueden hacerlas. Si usted lo prefiere haga sus propios diseños a fin de memorizar mejor lo estudiado. Como parte de esta tarea deberá escribir cuatro conceptos de los gráficos (uno por cada gráfico).

Gráficos de los puntos principales

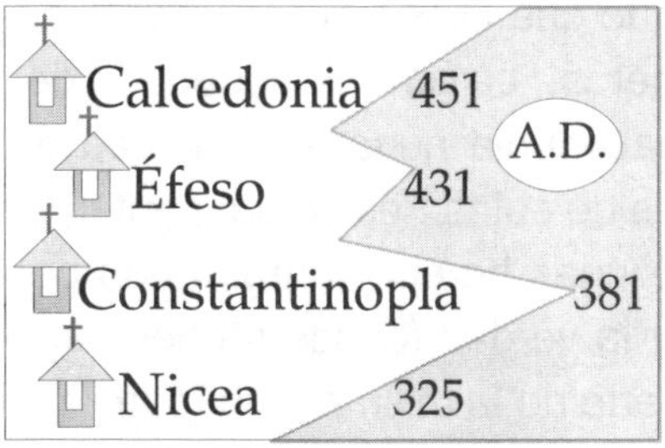

• **Explicación:** Hay cuatro concilios de la iglesia que respondieron a temas relacionados con la doctrina de la Trinidad: el Concilio de Nicea 325 A.D.; el Concilio de Constantinopla 381 A.D.; el Concilio de Éfeso 431 A.D.; y el Concilio de Calcedonia 451 A.D. En Nicea se afirmó que Jesús era Dios al igual que el Padre. En Constantinopla se declaró que Jesús poseía humanidad completa (sin pecado y sin dejar de ser Dios). Éfeso afirmó que Jesús era solo una Persona y no dos; y Calcedonia señaló la relación de las naturalezas humana y divina de Jesús. Las herejías concernientes a Jesús y su deidad siguen vigentes hoy en grupos tales como los autollamados Testigos de Jehová, los mormones, y otros. Herejías respecto a la Trinidad las hay en el grupo «Solo Jesús». Cada generación de creyentes debe prepararse para enseñar la doctrina correcta y confrontar el error.

• **Explicación:** Nyenhuis afirma que tres herejías «provocaron las principales controversias en los primeros siglos de la teología cristiana». La monarquiana, que tomaba dos formas diferentes. La primera sencillamente negaba la Trinidad desechando la deidad de Jesús. La segunda negaba la distinción personal entre las tres Personas del Dios trino afirmando que Dios solo es una Persona manifestada en tres maneras. La arriana negaba la deidad de Jesucristo. Y la macedonia negaba la deidad del Espíritu Santo. Hay vestigios de estas tres actualmente. Es interesante observar que algunas herejías surgen con personas que quieren defender la verdad (desde su perspectiva), pero acaban con solo parte de la misma y no toda. Y al no comprenderla toda terminan enseñando el error.

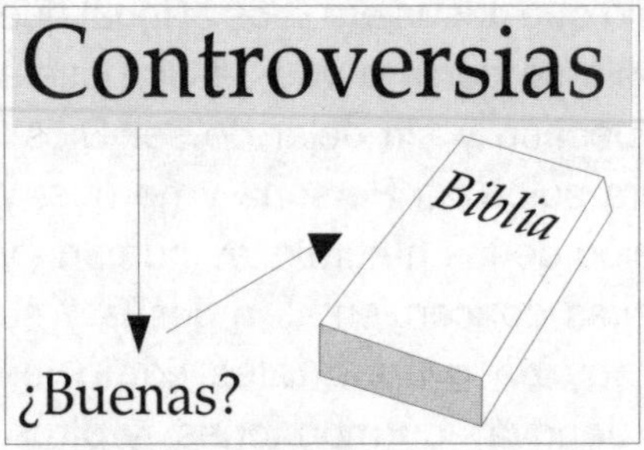

• **Explicación:** Nuestro texto afirma algo interesante y hasta sorprendente acerca de las controversias. Nyenhuis aboga que «lejos de ser dañinas o perjudiciales, fueron fuertes motivos para que la iglesia buscara la verdad de las Escrituras: Dios, por medio de ellas, enseñó a la iglesia cómo encontrar la verdad». Sin dudas, las controversias pueden causar incomodidades entre las personas. No obstante, podemos (y debemos) formularnos preguntas acerca de nuestras creencias. Pero debemos hacerlas dispuestos a que Dios nos muestre la verdad (aun cuando tengamos que admitir que nos equivocamos en algo) y usando la Biblia como lo que es, la Palabra autoritativa de Dios.

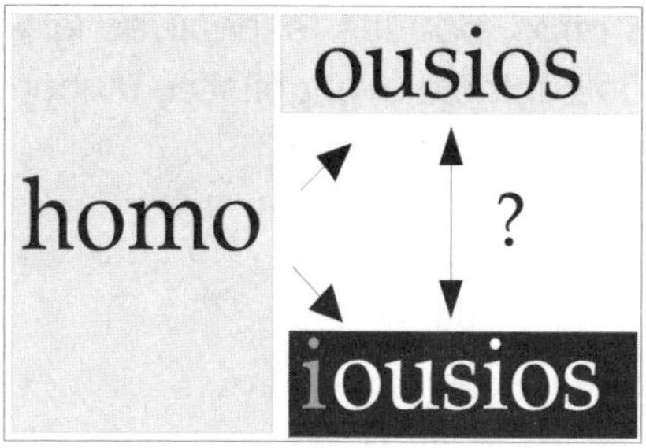

• **Explicación:** En el caso de la controversia tratada en el concilio de Nicea una letra griega marcó la diferencia entre la ortodoxia y el error teológico. Por cierto, el error representa mucho más que una cuestión gramatical. Motivó una controversia acerca de la naturaleza de Jesucristo. ¿Era *homoousios*, o de la *misma* esencia que el Padre? ¿O, calificaba de *homoiousios*, *parecido* al Padre? Atanasio formuló la doctrina que aparece en el credo de Nicea, la que se utiliza hasta del día de hoy, y que afirma la verdad de la Trinidad. La Biblia dice que tanto Jesús (Juan 1.1) como el Espíritu (Hechos 5.1-4) son de la misma naturaleza o esencia que el Padre, es decir, son deidad. Cualquier cosa menos que *homoousios* no representa la doctrina de las Escrituras.

Expresión

Los alumnos deben comunicar sus conocimientos a otros (creyentes y no creyentes) así como expresarlos mediante su conducta. Asimismo, esperamos que expresen sus peticiones y pensamientos íntimos a Dios. Para cumplir con esta sección el alumno debe:

- Redactar tres principios transferibles, provenientes de la lección, aplicables en la vida cristiana.
- Explorar (junto con los compañeros) maneras creativas para comunicar los principios bíblicos a otros.

- Orar los unos por los otros, por sus respectivas iglesias, así como por todo contacto evangelístico u oportunidad para ministrar que se presente.

Lección 7

Corresponde al capítulo 10

Metas

1. El estudiante estudiará algunas maneras de entender la doctrina de la Trinidad.
2. El estudiante aplicará esta comprensión a su propia vida.
3. El estudiante podrá comunicar lo que aprendió a otros.

Objetivos

1. El estudiante contestará las preguntas en la lección y escribirá tres preguntas propias, estudiará las gráficas y escribirá cuatro conceptos, y formulará tres principios.
2. El estudiante reflexionará acerca de cómo aplicar a su propia vida principios de la lección.
3. El estudiante explorará maneras de comunicar los principios de esta lección a otros.

Diez preguntas

1. Según el autor, ¿a qué se deben las controversias teológicas en las cuales los creyentes participan?
2. ¿Cómo responde Nyenhuis a la pregunta: «Puede salvarnos cualquier clase de Dios»? ¿Qué piensa usted de esta pregunta?
3. ¿Son los cristianos monoteístas? ¿Está la doctrina de la Trinidad en contra del monoteísmo?
4. De acuerdo a nuestro texto, ¿cuál es la única manera de llegar a conocer la verdad acerca de la Trinidad?

5. ¿Qué piensa Nyenhuis respecto a las ilustraciones que intentan aclarar la enseñanza acerca del Dios Trino?
6. ¿Qué problema existe con la analogía del agua?
7. ¿Qué error se halla en la analogía del gobierno?
8. ¿Qué equivocación es inherente a la ilustración acerca de la persona que sirve en diversas capacidades? ¿Cuál parece ser el mejor camino a tomar?
9. El alumno debe leer el artículo «La Trinidad y el problema de la existencia», por Francis Schaeffer, y escribir su reacción basándose en: Puntos con los que concuerda. Puntos de desacuerdo. Aplicación práctica.
10. El alumno escribirá una conclusión propia acerca de la mejor aplicación práctica obtenida en esta lección.

- Escribir tres preguntas propias.

Dibujos explicativos

Estos dibujos o gráficos son diseñados a fin de proveerle una manera sencilla de organizar y memorizar cuatro puntos esenciales del capítulo. Tome una hoja de papel y reproduzca los dibujos entre cinco y siete veces mientras piensa en el significado de cada cuadro. Luego tome otra hoja de papel en blanco y trate de dibujar los gráficos de memoria junto con una breve explicación de lo que cree que significa. Las ilustraciones son tan sencillas que hasta los que no saben dibujar pueden hacerlas. Si usted lo prefiere haga sus propios diseños a fin de memorizar mejor lo estudiado. Como parte de esta tarea deberá escribir cuatro conceptos de los gráficos (uno por cada gráfico).

Gráficos de los puntos principales

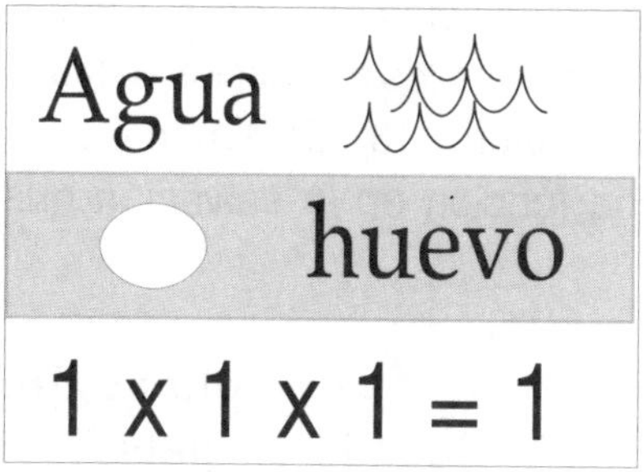

• **Explicación:** En la iglesia, en la escuela, y en conversaciones evangelísticas es posible que escuchemos ilustraciones que intentan clarificar la enseñanza bíblica acerca de la Trinidad. Algunos la asocian con el agua en sus tres estados: líquido, gaseoso (vapor), y sólido (hielo). Otros la comparan con los tres componentes del huevo (cáscara, clara, y yema). El problema con esas ilustraciones es que no sirven para comunicar la verdad escritural. Al contrario, acaban demostrando una forma de modalismo o de triteísmo (tres dioses). Otros emplean una ilustración matemática (1 x 1 x 1 = 1). La mejor solución, sin embargo, es afirmar sencillamente lo que la Biblia enseña: Dios es uno (Deuteronomio 6.4); el Padre es Dios (1 Pedro 1.17); Jesús es Dios (Juan 1.1); y el Espíritu es Dios (Hechos 5.1-4).

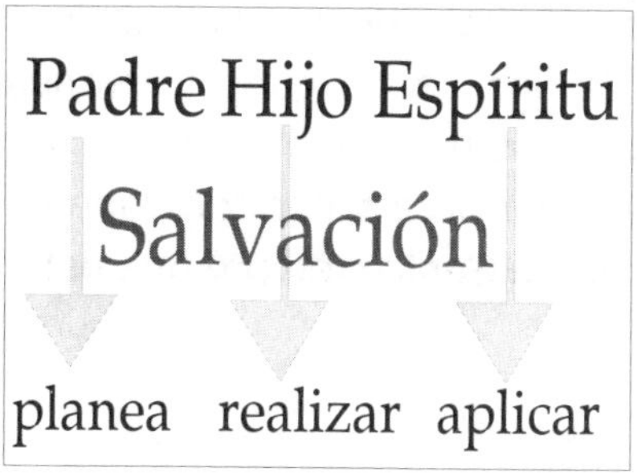

• **Explicación:** Nyenhuis dice que solo el Dios Trino de la Biblia pudo proveer la salvación que disfrutan aquellos que creen en Jesús como Salvador. Los teólogos afirman que la Trinidad completa, esto es, Dios, participa en todo lo que Él hace. El Padre, el Hijo, y el Espíritu Santo no obran independientemente. Las Escrituras, no obstante, parecen revelar diferentes funciones de cada Persona. El Padre planea (Efesios 1.1-6); el Hijo lleva a cabo el plan del Padre (Efesios 1.7-12); y el Espíritu aplica al creyente los beneficios del plan del Padre y la obra de Jesús (Efesios 1.13-15). Cada Persona de la Trinidad cumple una función en la salvación que Dios provee.

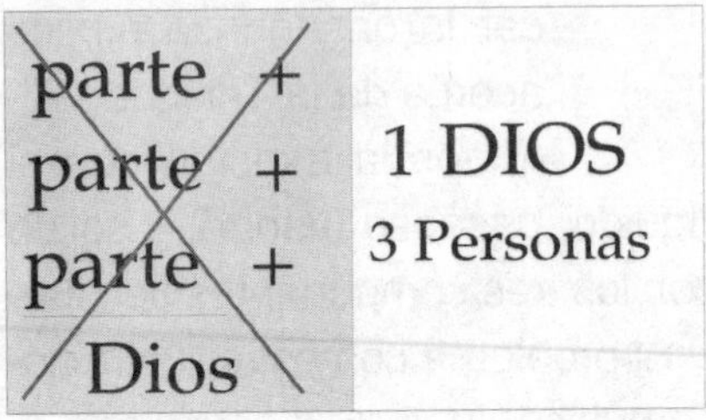

• **Explicación:** Cuando se habla del Dios Trino decimos que es uno en esencia, pero que ha existido eternamente en tres Persona, cada una de ellas deidad. No hay tres dioses, ni tampoco tres partes que se van agregando hasta llegar a formar Dios. Al contrario, hay un solo Dios pero hay tres que son Dios en sí. Como se ha dicho, decir que Dios es una y tres personas a la vez cae en una contradicción. Pero decir que Dios es uno en esencia y tres en Persona, aunque va más allá de nuestra comprensión, no se opone a la razón. Nyenhuis afirma que cada Persona de la Trinidad tiene conciencia de sí misma y puede relacionarse con cada una de las otras Personas del Dios Trino. Aquí encontramos una de las razones por las cuales Dios no necesita crear para tener compañerismo. El Padre, el Hijo y el Espíritu Santo siempre han estado en perfecta comunión.

TRINIDAD 1

Deuteronomio 6.4

3

Mateo 28.18-19

• **Explicación:** Sin duda, la enseñanza acerca de la Trinidad constituye un misterio. Pero, no existe misterio mayor que el hecho de que ha habido (y hay) un Ser que nunca tuvo principio y no tendrá fin, ¡Dios! Aun así, hay otros misterios en la Biblia que nunca comprenderemos ni aun en la eternidad dada nuestra condición de criaturas. La contradicción va contra la razón, por lo tanto es incierta. Dios es la fuente de toda lógica y no va en contra de la misma. No obstante, hay cosas que van más allá de nuestra razón aunque no en contra de ella. Bajo esa clasificación podemos colocar la enseñanza acerca de la Trinidad. Podemos saber algo de ella (suficiente para saber que no es una contradicción, por ejemplo), pero no tener conocimiento exhaustivo de ella. Así que debemos presentar lo que la Biblia comunica y estaremos bien.

Expresión

Los alumnos deben comunicar sus conocimientos a otros (creyentes y no creyentes) así como expresarlos mediante su conducta. Asimismo, esperamos que expresen sus peticiones y pensamientos íntimos a Dios. Para cumplir con esta sección el alumno debe:

- Redactar tres principios transferibles, provenientes de la lección, aplicables en la vida cristiana.
- Explorar (junto con los compañeros) maneras creativas para comunicar los principios bíblicos a otros.

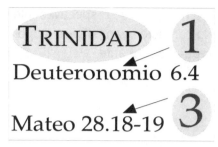

- Orar los unos por los otros, por sus respectivas iglesias, así como por todo contacto evangelístico u oportunidad para ministrar que se presente.

Lección 8

Corresponde a capítulo 11

Metas

1. El estudiante aprenderá acerca de las pruebas bíblicas de la doctrina de la Trinidad.
2. El estudiante aplicará esta comprensión a su propia vida.
3. El estudiante podrá comunicar lo que aprendió a otros.

Objetivos

1. El estudiante contestará las preguntas en la lección y escribirá tres preguntas propias, estudiará las gráficas y escribirá cuatro conceptos, y formulará tres principios.
2. El estudiante reflexionará acerca de cómo aplicar a su propia vida principios de la lección.
3. El estudiante explorará maneras de comunicar los principios de esta lección a otros.

Diez preguntas

1. ¿Qué representa para Nyenhuis una de las «alusiones más indiscutibles a la Trinidad», y por qué?
2. ¿Qué significa la «singularidad» de Dios y qué textos usa Nyenhuis para comprobarla (provea uno del Antiguo y del Nuevo Testamento)?
3. Indique cuatro pasajes en el Nuevo Testamento que sean alusiones indiscutibles a la Trinidad.
4. Con la ayuda de una concordancia indique un texto que afirme que el Padre es Dios.

5. Indique tres textos, con la ayuda de una concordancia, que afirmen que Jesús es Dios; y explique por qué tales versículos enseñan eso.
6. ¿Cómo usar Hechos 5.1-11 para comprobar que el Espíritu Santo es Dios?
7. Responda (en sus propias palabras) a las siguientes objeciones en contra de la enseñanza ortodoxa acerca de la Trinidad:
   a. «La Trinidad niega el monoteísmo».
   b. «El hecho de que haya subordinación de función entre las Personas de la Trinidad demuestra que no son iguales en esencia».
   c. «Debido a que la Trinidad es un misterio, no podemos comprenderla; por ende, no es imprescindible que la creamos».
8. ¿Cómo contrarresta Nyenhuis las acusaciones del modalismo y el triteísmo?
9. El alumno debe leer el artículo «El camino hacia el conocimiento de la fe cristiana» por Andrés Kirk, y escribir su reacción al mismo basándose en: Puntos con los que concuerda. Puntos de desacuerdo. Aplicación práctica.
10. El alumno escribirá un uso práctico para su vida cristiana obtenido de esta lección.

- Escribir tres preguntas propias.

Dibujos explicativos

Estos dibujos o gráficos son diseñados a fin de proveerle una manera sencilla de organizar y memorizar cuatro puntos esenciales del capítulo. Tome una hoja de papel y reproduzca los dibujos entre cinco y siete veces mientras piensa en el significado de cada cuadro. Luego tome otra hoja de papel en blanco y trate de dibujar los gráficos de memoria junto con una breve explicación de lo que cree que significa. Las ilustraciones son tan sencillas que hasta los que no saben dibujar pueden hacerlas. Si usted lo prefiere haga sus propios diseños a fin de memorizar mejor lo estudiado. Como parte de esta tarea deberá escribir cuatro conceptos de los gráficos (uno por cada gráfico).

Gráficos de los puntos principales

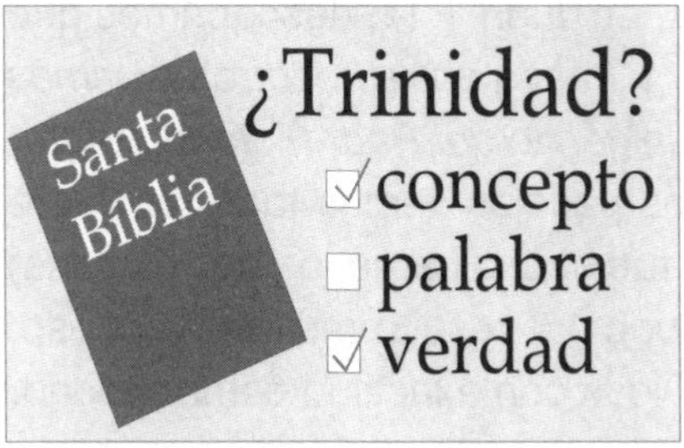

• **Explicación:** A veces escuchamos personas que abogan que la palabra «Trinidad» no aparece en la Biblia y que por lo tanto dicha enseñanza es incoherente. Tal argumento no tiene sustancia. La palabra «omnisciencia» tampoco aparece, aunque el concepto sí. De igual manera, el concepto del Dios Trino aparece en las Escrituras. En el bautismo de Jesús (Mateo 3.13-17), en la Gran Comisión (Mateo 28.18-19), y en la bendición apostólica en la Segunda Epístola de Pablo a los Corintios (13.14) encontramos al Padre, al Hijo, y al Espíritu Santo. Por cierto, hay otros pasajes trinitarios (Efesios 1, por ejemplo). De manera que las Escrituras establecen con firmeza la realidad del Dios Trino.

Padre	=	Dios
Dios	≠	Padre

• **Explicación:** Las Escrituras afirman la singularidad de Dios (Deuteronomio 6.4). También, muchas veces la palabra «Dios» parece referirse al Padre. Pero, esto no significa que solo Él califique como Dios. En Juan 1.1 leemos que *«en el principio era el Verbo, y el Verbo era con Dios, y el Verbo era Dios».* Después, en Juan 1.14, descubrimos que *«el verbo fue hecho carne, y habitó entre nosotros (y vimos su gloria, gloria como del unigénito del Padre), lleno de gracia y de verdad».* En estos pasajes vemos tanto al Padre como al Hijo (el Verbo que fue hecho carne, es decir, Jesús) designados como Dios. Juan 1.1 resulta muy provechoso, ya que define la palabra «Dios» con exactitud como Deidad.

Hijo	=	Dios
Dios	≠	Hijo
Espíritu	≠	Hijo

• **Explicación:** En las Escrituras descubrimos argumentos tanto directos como indirectos que afirman la deidad de Jesús. En Hebreos 1.8 el Padre llama Dios al Hijo (Jesús): *«Mas del Hijo dice: Tu trono, oh Dios, por el siglo del siglo».* En Isaías 6.1 leemos que dicho profeta vio al Señor. Después en Juan 12.31 aprendemos en conexión con dicha visión que: *«Esto dijo Isaías porque vio su gloria, y habló de Él»* (BDLA). Hay otras pruebas como el hecho de que Jesús aceptó adoración (Juan

20.28). Debemos recordar que el Espíritu no es el Hijo, ni el Padre tampoco. De manera que en Dios encontramos una esencia y tres Personas.

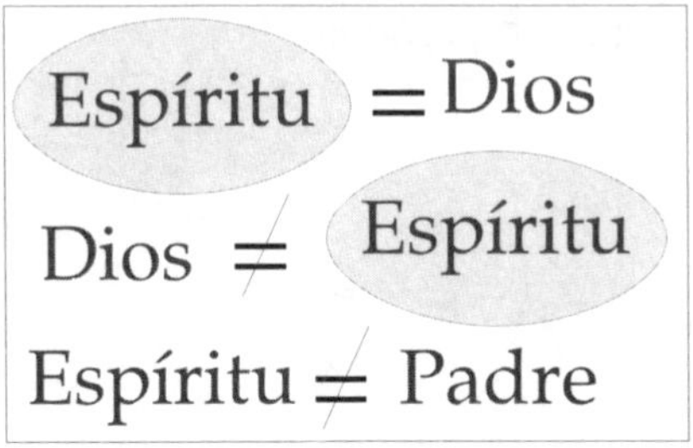

• **Explicación:** Aquellos que niegan que Jesús es Dios usualmente también rechazan la deidad del Espíritu. No obstante, el Espíritu Santo es Dios tanto como el Padre y el Hijo, aunque de nuevo se pueden distinguir en cuanto a Persona. En Hechos 5.3, 4, Ananías le miente al Espíritu Santo, lo cual es igual que mentirle a Dios. El Espíritu hace aquello que solo Dios puede hacer. Posee todo aquello que indica personalidad: Piensa (1 Corintios 2.10); siente (Efesios 4.30); y decide (Hechos 13.1-2). No es una «fuerza impersonal», como algunos abogan. Es personal, mismísimo Dios, y capacita el creyente para la vida cristiana y la victoria sobre el pecado.

Expresión

Los alumnos deben comunicar sus conocimientos a otros (creyentes y no creyentes) así como expresarlos mediante su conducta. Asimismo, esperamos que expresen sus peticiones y pensamientos íntimos a Dios. Para cumplir con esta sección el alumno debe:

- Redactar tres principios transferibles, provenientes de la lección, aplicables en la vida cristiana.

- Explorar (junto con los compañeros) maneras creativas para comunicar los principios bíblicos a otros.
- Orar los unos por los otros, por sus respectivas iglesias, así como por todo contacto evangelístico u oportunidad para ministrar que se presente.

Manual para el facilitador

Introducción

Este material ha sido preparado para el uso del facilitador de un grupo o peña. El facilitador se encarga de guiar a un grupo de 5-10 estudiantes a fin de que completen el curso de ocho lecciones. La tarea demandará esfuerzo de su parte, ya que, aunque el facilitador no es el instructor en sí (el libro de texto sirve de «maestro»), debe conocer bien el material, animar y dar aliento al grupo, y modelar la vida cristiana delante de los miembros del grupo. La recompensa del facilitador en parte vendrá del buen sentir que experimentará al ver que está contribuyendo al crecimiento de otros, del privilegio de entrenar a otros y del fruto que llegará por la evangelización. El facilitador también debe saber que el Señor lo recompensará ampliamente por su obra de amor.

A continuación encontramos las tres facetas principales del programa FLET para grupos: las lecciones, las reuniones y las expresiones.

1. Las lecciones: Las lecciones representan el aspecto del programa del cual el alumno tiene plena responsabilidad. Sin embargo, aunque el estudiante es responsable de leer el capítulo indicado y responder las preguntas, también debe reconocer que necesitará la ayuda de Dios para sacar el mayor provecho de cada porción del texto. Usted como facilitador debe informar a los estudiantes que la calidad de la reunión será realzada o minimizada según la calidad del interés, esfuerzo y comunión con Dios

que el alumno tenga en su estudio personal. Se ofrecen las siguientes guías a fin de asegurar la alta calidad en las lecciones:

a. El alumno debe tratar (si fuese posible) de dedicar un tiempo para el estudio a la misma hora todos los días. Debe asegurar que todos los materiales que necesite estén a mano (Biblia, libro de texto, cuaderno, lápices o bolígrafos), que el lugar donde se realice la tarea tenga un ambiente que facilite el estudio con suficiente luz, espacio tranquilidad y temperatura cómoda. Esto puede ayudar al alumno a desarrollar buenos hábitos de estudio.
b. El alumno debe proponerse la meta de completar una lección por semana (a no ser que esté realizando otro plan, ya sea más acelerado o más despacio, véase «Opciones para realizar el curso»).
c. El alumno debe repasar lo que haya aprendido de alguna manera sistemática. Un plan posible es repasar el material al segundo día de haberlo estudiado, luego el quinto día, el décimo, el vigésimo y el trigésimo.

2. Las reuniones: En las reuniones o peñas los estudiantes comparten sus respuestas, sus dudas y sus experiencias educacionales. Para que la reunión sea grata, de provecho e interesante se sugiere lo siguiente:
   a. La reunión debe tener entre cinco y diez participantes: La experiencia ha mostrado que el número ideal de alumnos está entre cinco y diez. Esta cantidad asegura que se compartan suficientes ideas para que la reunión sea interesante como también que haya suficiente oportunidad para que todos puedan expresarse y contribuir a la dinámica de la reunión. También ayuda

a que el facilitador no tenga muchos problemas al guiar a los participantes en una discusión franca y espontánea, pero también ordenada.

b. Las reuniones deben ser semanales: El grupo o peña debe reunirse una vez a la semana. Las reuniones deben ser bien organizadas a fin de que los alumnos no pierdan su tiempo. Para lograr esto las reuniones deben comenzar y concluir a tiempo. Los estudiantes pueden quedarse más rato si así lo desean, pero la reunión en sí debe observar ciertos límites predeterminados. De esta manera los estudiantes no sentirán que el facilitador no los respeta a ellos y su tiempo. (Véanse las páginas 135 y 136 para otras opciones.)

c. Las reuniones requieren la participación de todos. Esto significa no solo que los alumnos no deben faltar a ninguna reunión, sino también que todos participen en la discusión cuando asistan. El cuerpo de Cristo, la Iglesia, consiste de muchos miembros que se deben ayudar mutuamente. La reunión o peña debe proveer un contexto idóneo para que los participantes compartan sus ideas en un contexto amoroso, donde todos deseen descubrir la verdad, edificarse y conocer mejor a Dios. Usted como facilitador debe comunicar el gran valor de cada miembro y de su contribución particular al grupo.

3. Las expresiones: Esta faceta del proceso tiene que ver con la comunicación creativa, relevante, y eficaz del material que se aprende. La meta no es sencillamente llenar a los estudiantes de conocimientos, sino prepararlos para utilizar el material tanto para la edificación de creyentes como también para la evangelización de los no creyen-

tes. Es cierto que no todo el material es «evangelístico» en sí, pero a veces se tocan varios temas durante el proceso de la evangelización o del seguimiento y estos conocimientos tal vez ayuden a abrir una puerta para el evangelio o aun mantenerla abierta. Las siguientes consideraciones servirán para guiar la comunicación de los conceptos:

a. La comunicación debe ser creativa: La clave de esta sección es permitir que los alumnos usen sus propios talentos de manera creativa. No todos tendrán ni la habilidad ni el deseo de predicar desde un púlpito. Pero tal vez algunos tengan talentos para escribir poesías, canciones, o coritos o hacer dibujos o pinturas que comuniquen las verdades que han aprendido. Otros quizás tengan habilidades teatrales que pueden usar para desarrollar dramatizaciones que comuniquen principios cristianos de manera eficaz, educativa y entretenida. Y aun otros pueden servir de maestros, pastores o facilitadores para otros grupos o peñas. No le imponga límites a las diversas maneras en las cuales se puede comunicar la verdad de Dios.
b. La comunicación debe ser clara: Las peñas proveen un contexto idóneo para practicar la comunicación de las verdades cristianas. En este ambiente caracterizado por el amor, el aliento y la dirección se pueden hacer "dramatizaciones" en las cuales alguien puede hacer "preguntas difíciles" y otro u otros pueden tratar de responder como si fuera una situación real. Después los otros en la peña pueden evaluar tanto las respuestas que se dieron como también la forma en la cual se desenvolvió el proceso y el resultado. La evaluación puede tomar en cuenta aspectos como la apa-

riencia, el manejo del material, y el carácter o disposición con que fue comunicado.

Se puede hacer una dramatización, algo humorística, donde un cristiano con buenas intenciones, pero no muy "presentable", trata de comunicarse con un no cristiano bien vestido, perfumado y limpio. Después, la clase puede participar en una discusión amigable acerca del papel de la apariencia en la evangelización.

c. La comunicación debe reflejar el carácter cristiano. Usted como facilitador debe modelar algunas de las características cristianas que debemos reflejar cuando hablemos con otros acerca de Jesucristo y la fe cristiana. Por ejemplo, la paciencia, la humildad y el dominio propio deben ser evidentes en nuestras conversaciones. Debemos también estar conscientes de que dependemos de Dios para que nos ayude a hablar con otros de manera eficaz. Sobre todo, debemos comunicar el amor de Dios. A veces nuestra forma de actuar con los no cristianos comunica menos amor que lo que ellos reciben de sus amistades que no son cristianas. Las peñas proveen un contexto amigable, eficaz y sincero para evaluar, practicar y discutir estas cosas.

Cada parte del proceso detallado arriba contribuye a la que le sigue, de manera que la calidad del proceso de la enseñanza depende del esfuerzo realizado en cada paso. Si la calidad de la lección es alta, esto ayudará a asegurar una excelente experiencia en la reunión, ya que todos los estudiantes vendrán preparados, habiendo hecho buen uso de su tiempo personal. De la misma manera, si la reunión se desenvuelve de manera organizada y creativa, facilitará la excelencia en las expresiones, es decir, las oportunidades que tendremos fuera de las reuniones para compartir las verdades de Dios. Por lo tanto, necesitaremos la ayuda de Dios en todo el proceso a fin de que recibamos el mayor provecho posible del programa.

Instrucciones específicas

Antes de la reunión: *Preparación*

A. Oración: expresión de nuestra dependencia de Dios
   1. Ore por usted mismo.
   2. Ore por los estudiantes.
   3. Ore por los que serán alcanzados y tocados por los alumnos.

B. Reconocimiento
   1. Reconozca su identidad en Cristo (Romanos 6–8).
   2. Reconozca su responsabilidad como maestro o facilitador (Santiago 3.1-17).
   3. Reconozca su disposición como siervo (Marcos 10.45; 2 Corintios 12.14-21).

C. Preparación
   1. Estudie la porción del alumno sin mirar la guía para el facilitador, es decir, como si usted fuese uno de los estudiantes.
      a. Tome nota de los aspectos difíciles, así se anticipará a las preguntas.
      b. Tome nota de las ilustraciones o métodos que le vengan a la mente mientras lee.
      c. Tome nota de los aspectos que le sean difíciles a fin de investigar más usando otros recursos.
   2. Estudie este manual para el facilitador.

3. Reúna otros materiales, ya sea para ilustraciones, aclaraciones, o para proveer diferentes puntos de vista a los del texto.

Durante la reunión: *Participación*

Recuerde que el programa FLET sirve no sólo para desarrollar a aquellos que están bajo su cuidado como facilitador, sino también para edificar, entrenar y desarrollarlo a usted mismo. La reunión consiste de un aspecto clave en el desarrollo de todos los participantes, debido a las dinámicas de la reunión. En la peña varias personalidades interactuarán, tanto la una con la otra, como también con Dios. Habrá personalidades diferentes en el grupo y, junto con esto, la posibilidad para el conflicto. No le tenga temor a esto. Parte del *«currículum»* será el desarrollo del amor cristiano.

Tal vez Dios quiera desarrollar en usted la habilidad de resolver conflictos entre hermanos en la fe. De cualquier modo, nuestra norma para solucionar los problemas es la palabra inerrante de Dios. Su propia madurez, su capacidad e inteligencia iluminada por las Escrituras y el Espíritu Santo lo ayudarán a mantener un ambiente de armonía. Si es así, se cumplen los requisitos del curso y, lo más importante, los deseos de Dios. Como facilitador, debe estar consciente de las siguientes consideraciones:

A. El tiempo u horario

1. La reunión debe ser siempre el mismo día, a la misma hora, y en el mismo lugar cada semana, ya que esto evitará confusión. El facilitador siempre debe tratar de llegar con media hora de anticipación para asegurarse de que todo esté preparado para la reunión y para resolver cualquier situación inesperada.

2. El facilitador debe estar consciente de que el enemigo a veces tratará de interrumpir las reuniones o traer confusión. Tenga mucho cuidado con cancelar reuniones o cambiar horarios. Comunique a los participantes en la peña la responsabilidad que tiene el uno hacia el otro. Esto no significa que nunca se debe cambiar una reunión bajo ninguna circunstancia. Más bien quiere decir que se tenga cuidado y que no se hagan cambios innecesarios a cuenta de personas que por una u otra razón no pueden llegar a la reunión citada.
3. El facilitador debe completar el curso en las ocho semanas indicadas (o según el plan de las otras opciones.)

B. El lugar

1. El facilitador debe asegurarse de que el lugar para la reunión estará disponible durante las ocho semanas del curso. También deberá tener todas las llaves u otros recursos necesarios para utilizar el local.
2. El lugar debe ser limpio, tranquilo y tener buena ventilación, suficiente luz, temperatura agradable y suficiente espacio a fin de poder sacarle buen provecho y facilitar el proceso educativo.
3. El sitio debe tener el mobiliario adecuado para el aprendizaje: una mesa, sillas cómodas, una pizarra para tiza o marcadores que se puedan borrar. Si no hay mesa, los estudiantes deben sentarse en un círculo a fin de que todos puedan verse y escucharse el uno al otro. El lugar entero debe contribuir a una postura dispuesta para el aprendizaje. El sitio debe motivar al alumno a trabajar, compartir, cooperar y ayudar en el proceso educativo.

C. La interacción entre los participantes
   1. Reconocimiento:
      a. Saber el nombre (y apodo) de todos.
      b. Saber los datos sencillos: familia, trabajo, nacionalidad.
      c. Saber algo interesante de ellos: comida favorita, etc.

   2. Respeto para todos:
      a. Se debe establecer una regla en la reunión: Una persona habla a la vez y todos los otros escuchan.
      b. No burlarse de los que se equivocan ni humillarlos.
      c. Entender, reflexionar y/o pedir aclaración antes de responder lo que otros dicen.

   3. Participación de todos:
   a. El facilitador debe permitir que los alumnos respondan sin interrumpirlos. Debe dar suficiente tiempo para que los estudiantes reflexionen y compartan sus respuestas.
   b. El facilitador debe ayudar a los alumnos a pensar, a hacer preguntas y a responder, en lugar de dar todas las respuestas él mismo.
   c. La participación de todos no significa necesariamente que todos los alumnos tienen que hablar en cada sesión (ni que tengan que hablar desde el principio, es decir, desde la primera reunión), más bien quiere decir, que antes de llegar a la última lección todos los alumnos deben sentirse cómodos al hablar, participar y responder sin temor a ser ridiculizados.

Después de la reunión: *Evaluación y oración*

A. Evaluación de la reunión y la oración:
   1. ¿Estuvo bien organizada la reunión?
   2. ¿Fue provechosa la reunión?
   3. ¿Hubo buen ambiente durante la reunión?
   4. ¿Qué peticiones específicas ayudarían a mejorar la reunión?

B. Evaluación de los alumnos:
   1. En cuanto a los alumnos extrovertidos y seguros de sí mismos: ¿Se les permitió que participaran sin perjudicar a los más tímidos?
   2. En cuanto a los alumnos tímidos: ¿Se les animó a fin de que participaran más?
   3. En cuanto a los alumnos aburridos o desinteresados: ¿Se tomó especial nota a fin de descubrir cómo despertar en ellos el interés en la clase?

C. Evaluación del facilitador y la oración:
   1. ¿Estuvo bien preparado el facilitador?
   2. ¿Enseñó la clase con buena disposición?
   3. ¿Se preocupó por todos y fue justo con ellos?
   4. ¿Qué peticiones específicas debe hacer al Señor a fin de que la próxima reunión sea aun mejor?

Ayudas adicionales

1. Saludos: Para establecer un ambiente amistoso caracterizado por el amor fraternal cristiano debemos saludarnos calurosamente en el Señor. Aunque la reunión consiste de una actividad más bien académica, no debe ca-

recer del amor cristiano. Por lo tanto, debemos cumplir con el mandato de saludar a otros, como se encuentra en la mayoría de las epístolas del Nuevo Testamento. Por ejemplo, 3 Juan concluye con las palabras: "La paz sea contigo. Los amigos te saludan. Saluda tú a los amigos, a cada uno en particular". El saludar provee una manera sencilla, pero importante, de cumplir con los principios de autoridad de la Biblia.

2. Oración: La oración le comunica a Dios que estamos dependiendo de él para iluminar nuestro entendimiento, calmar nuestras ansiedades y protegernos del maligno. El enemigo intentará interrumpir nuestras reuniones por medio de la confusión, la división y los estorbos. Es importante reconocer nuestra posición victoriosa en Cristo y seguir adelante. El amor cristiano y la oración sincera ayudarán a crear el ambiente idóneo para la educación cristiana.

3. Creatividad: El facilitador debe hacer el esfuerzo de emplear la creatividad que Dios le ha dado tanto para presentar la lección como también para mantener el interés durante la clase entera. Su ejemplo animará a los estudiantes a esforzarse en comunicar la verdad de Dios de manera interesante. El Evangelio de Marcos reporta lo siguiente acerca de Juan el Bautista: «*Porque Herodes temía a Juan, sabiendo que era varón justo y santo, y le guardaba a salvo; y oyéndole, se quedaba muy perplejo, pero le escuchaba de buena gana*» (Marcos 6.20). Y acerca de Jesús dice: «*Y gran multitud del pueblo le oía de buena gana*» (Marcos 12.37b). Notamos que las personas escuchaban «de buena gana». Nosotros debemos esforzarnos para lograr lo mismo con la ayuda de Dios.

Se ha dicho que es un pecado aburrir a las personas con la palabra de Dios. Hemos provisto algunas ideas que se podrán usar tanto para presentar las lecciones como para proveer proyectos adicionales de provecho para los estudiantes. Usted puede modificar las ideas o crear las suyas propias. Pídale ayuda a nuestro Padre bondadoso, todopoderoso y creativo a fin de que lo ayude a crear lecciones animadas, gratas e interesantes.

Conclusión

El beneficio de este estudio dependerá de usted y de su esfuerzo, interés y dependencia de Dios. Si el curso resulta ser una experiencia grata, educativa y edificadora para los estudiantes, ellos querrán hacer otros cursos y progresar aún más en su vida cristiana. Que así sea con la ayuda de Dios.

Estructura de la reunión

1. Dé la bienvenida a los alumnos que vienen a la reunión.
2. Ore para que el Señor calme las ansiedades, abra el entendimiento, y se manifieste en las vidas de los estudiantes y el facilitador.
3. Repase la lección.
4. Converse con los alumnos acerca de las diez preguntas. Asegúrese de que hayan entendido la materia y las respuestas correctas. Pueden hablar acerca de las preguntas que le dieron más dificultad, que fueron de mayor edificación, o que expresan algún concepto con el cual están en desacuerdo.

a. Anime a los estudiantes a completar las metas para la próxima reunión.
b. Conversar acerca de las «preguntas para reflexión». No hay una sola respuesta correcta para estas preguntas. Permita que los alumnos expresen sus propias ideas.

5. Revise los cuadernos de los alumnos para asegurar que estén haciendo sus tareas para cada lección.
6. Termine la reunión con una oración y salgan de nuevo al mundo para ser testigos del Señor.

Revisión de tareas

a) El cuaderno de trabajo

El facilitador debe revisar el cuaderno con las respuestas a las diez preguntas, las tres preguntas propias, cuatro conceptos y tres principios a mediados del curso y al final de este. Para mediados del curso, el facilitador no tiene que calificar el cuaderno. Solamente tiene que revisarlo para asegurarse que el alumno esté progresando en el curso. Para el final del curso, el facilitador debe dar una nota de acuerdo con el porcentaje de tareas escritas en el cuaderno. El facilitador no tiene que evaluar cuán bien ha escrito las respuestas, sino solamente *si ha cumplido con la tarea o no*. (La comprensión correcta de la materia por parte del alumno será evaluada en el examen final.) Cuando haya revisado el cuaderno, el facilitador debe enviar un informe a la oficina de FLET, señalando las calificaciones de los alumnos para esta tarea.

b) El ensayo

El facilitador deberá recoger el ensayo el día del examen final y enviarlo juntamente con este a la oficina de la Universidad FLET para su calificación.

c) El examen final

El examen será calificado en la oficina de FLET.

El facilitador debe pedir copias del examen, y las hojas de respuestas, con suficiente anticipación para tomar el examen en la fecha establecida.

Calificación final

La nota final será calculada según los siguientes porcentajes:

Cuaderno de trabajo	20%
Ensayo	40%
Examen final	40%
Total	100%

Lección 1

Capítulos 1 y 2

Sugerencias para comenzar la clase

1. Comience la lección con la siguiente observación: «A veces los que practican creencias no cristianas saben más acerca de su religión falsa que lo que algunos creyentes conocen acerca del Señor. No queremos motivarlos a base de culpa, pero sí a evaluar el conocimiento de nuestra fe». Pídales a los estudiantes que enumeren los atributos de Dios que conocen (permítales unos 5 minutos para ello). Sin dar a conocer los resultados (el propósito no es avergonzar a los alumnos) pida que los estudiantes se autoevalúen. (Hay distintas listas de atributos en diversos libros de teología. Puede consultar cualquiera.)

2. Al principio de la lección lea las siguientes citas de Nyenhuis a fin de facilitar una discusión acerca de la relación entre el conocimiento de Dios y nuestra relación con Él:
   - «Por medio de la adoración profundizamos esta unión con el Omnipotente. A través de la alabanza experimentamos con gozo nuestra amistad con el Dios de nuestra salvación».
   - «El vínculo con el Padre celestial se celebra en adoración, y la alabanza estrecha más los lazos de compañerismo».
   - «Es prácticamente imposible pensar en una relación íntima con lo desconocido, o en una devoción profunda hacia algo de lo que no tenemos noticia... adoración y alabanza presuponen conocimiento».

Luego pida que los alumnos opinen acerca de asuntos como los siguientes: «¿Por qué a veces se dice que el conocimiento de la Biblia y la teología es enemigo de la adoración o el conocimiento de Dios? ¿Tiene esto sentido bíblicamente?» (Nota: A veces se usa 2 Corintios 3.6b para justificar dicha noción: *«porque la letra mata, pero el Espíritu da vida»*. Pero, ¿qué significa esto en su *contexto*? No puede significar que debemos estar en contra de la teología, el conocimiento, y la sana doctrina. Si Dios se revela por medio de las Escrituras, ¿cómo podemos adorarlo y alabarlo sin un conocimiento de ellas? ¿Cómo podemos hacer para que nuestro conocimiento no se quede solo en lo intelectual sino que incluya lo relacional [el tema de la *aplicación* de las Escrituras tiene mucha relevancia en cuanto a esto]? (Después de unos minutos de interacción significativa, pasen al próximo paso de la lección.)

3. Nyenhuis (y otros) afirman: «Nada nos caracteriza tanto como lo que tenemos en mente cuando pensamos en Dios». Otros dicen: «Lo más importante de nuestra persona es lo que pensamos cuando se menciona a Dios». Es decir, nuestro concepto de Dios es determinante para nuestra existencia, personalidad, relaciones, en fin, para nuestras vidas. Comience la lección leyendo las afirmaciones citadas y motive a los alumnos a opinar acerca de ellas. Luego pida que ofrezcan sus ideas acerca de los diferentes conceptos de Dios que se escuchan, ya sea en la iglesia o en el ambiente popular. Discutan cómo esos conceptos pueden afectar el pensamiento y las acciones de las personas. Después de un momento de reflexión y discusión, prosiga con el resto de la clase.

4. Desarrolle su propia idea para comenzar la sesión.

Comprobación de las preguntas

1. Nyenhuis afirma que el conocimiento de Dios «jamás podrá ser meramente académico». Más bien se da con un propósito: «que tengamos comunión con Él». De manera que debemos aprender acerca de Dios (Nyenhuis aboga a favor de «saber todo lo que podamos de Él»); pero no como fin en sí mismo, sino para conocerle y relacionarnos con Él.

2. El autor enseña que la adoración es una faceta de la relación con Dios y que por medio de la misma profundizamos nuestra unión con Él. Con referencia a la alabanza, afirma que por medio de esta «experimentamos con gozo nuestra amistad con el Dios de nuestra salvación». Para él, la adoración celebra el «vínculo con el Padre celestial» y la alabanza «estrecha los lazos de compañerismo». En relación con el conocimiento de Dios, Nyenhuis saca a relucir que «es prácticamente imposible pensar en una relación íntima con algo o alguien desconocido». Por lo tanto, la «adoración y la alabanza presuponen conocimiento».

3. Nyenhuis afirma que conocer a Dios de manera correcta resulta en efectos positivos en la adoración, en la celebración de nuestros cultos, y en el desarrollo de una concepción cristiana de la vida. Es decir, afectará tanto nuestras relaciones con Dios y la iglesia como también el resto de nuestra vida.

4. Nyenhuis (con otros) afirma dos conceptos principales: Primero, que «nada nos caracteriza tanto como lo que tenemos en mente cuando pensamos en Dios»; y se-

gundo, «más importante aun (que la idea que tengamos de Dios) es que esa idea corresponda a lo que Dios realmente es».

5. Según Nyenhuis, la idolatría es más que inclinarse ante objetos como estatuas; es «mantener ideas acerca de Dios que no son dignas de Él». Y Él mismo nos comunica la idea correcta acerca de sí. El autor afirma que «la ignorancia nace en la mente, en el desconocimiento, en el error, y en no tomar como base el conocimiento de Dios que Él mismo nos comunica a través de su palabra».

6. Nuestro texto afirma que «el conocimiento seguro de Dios es posible para el ser humano». Por lo tanto, si hay conocimiento puede haber adoración. Y, como ya se afirmó, esta requiere conocimiento.

7. Incomprensibilidad tiene que ver con nuestras propias limitaciones en comprender a Dios de manera exhaustiva (solo podemos conocer lo que Dios nos ha dado capacidad para saber y aquello que Él ha revelado de sí mismo). Incognoscibilidad significa no poder conocer nada —en absoluto— acerca de Él.

8. Nyenhuis habla acerca de dos límites con referencia a nuestra capacidad para comprender: Primero, somos criaturas. Segundo, el pecado estropeó «nuestro aparato conceptual»; es decir, el pecado también afectó nuestra mente y el proceso de razonar.

9. Contenido proposicional son aquellas afirmaciones lógicas y racionales que pueden ser probadas para determi-

nar su veracidad o falsedad (en el caso de Dios siempre son verdad ya que Él no puede mentir). Dios nos creó con la capacidad de comprender cualquier proposición, y todo razonamiento y conocimiento que tenga que ver con ellas.

10. Nyenhuis presenta tres afirmaciones: Primera, que Dios se puede conocer. Segunda, que la revelación es racionalmente dada y comprendida de la misma manera. Tercera, que el conocimiento que podemos tener de Dios se puede formular en proposiciones potencialmente comunicables de manera racional.

Lección 2

Capítulo 3

Sugerencias para comenzar la clase

1. Con anticipación, pida a uno de los alumnos (que esté bien preparado) que represente el papel de un ateo. Instruya a la clase a que deben tratar de convencerlo a favor del teísmo. Seleccione a alguien que resulte ser difícil de «convencer» a fin de que los alumnos reflexionen de manera significativa. Recuerde dejar suficiente tiempo para que participen varios (aun el «ateo»). Después de una grata y significativa interacción completen el resto de la lección.

2. Pida con anticipación a dos o tres alumnos (dependiendo del tamaño de la clase) que preparen una dramatización ingeniosa y humorística (si es posible) que comunique todas o algunas de las seis razones presentadas por Nyenhuis acerca de por qué debemos estudiar la creación. Asegúrese de permitir algún tiempo para que los estudiantes respondan y opinen acerca de las ideas presentadas. Después de la dramatización y un tiempo de interacción, prosigan con el resto de la lección.

3. Comience la lección con la siguiente afirmación popular (e incorrecta) y pida a los alumnos que opinen acerca de la misma: «Dios creó al ser humano porque se sentía solo y quería la compañía de alguien». Motive a los estudiantes a reflexionar acerca de las siguientes preguntas: ¿Qué implicaciones (para la enseñanza de la Trinidad y

de la naturaleza de Dios) tendría la afirmación anterior si fuese correcta? ¿Por qué sabemos que es incorrecta? ¿Es posible que Dios creara por varias razones? [Asegúrese de que los alumnos comprendan que Dios no pudo haber necesitado compañerismo ya que Él no necesita nada; el Padre, el Hijo y el Espíritu Santo han existido en perfecta comunión por toda la eternidad, y la Biblia no revela todas las razones por las cuales Dios creó aunque su gloria representa el motivo principal.]

4. Desarrolle su propia creatividad para iniciar la lección.

Comprobación de las preguntas

1. Dios creó todas las cosas y debemos alabarlo como Creador.

2. Nyenhuis provee seis razones por las cuales debemos estudiar la creación: A. La Biblia misma hace énfasis en la creación. B. La creación es parte esencial en la cosmovisión cristiana (los cristianos la han estudiado históricamente). C. La comprensión de otras doctrinas de la Biblia depende de ello. D. Nos ayuda a distinguir el cristianismo de otras religiones [Nota: el cristianismo no es la única creencia que tiene a Dios como Creador]. E. Nos ayuda a entender la relación entre el cristianismo y las ciencias. F. Puede ayudar a presentar una filosofía o cosmovisión cristiana ante el mundo de manera unida.

3. En relación con la antropología, la enseñanza acerca de la creación nos ayuda a ver que el hombre es un ser crea-

do distinto de Dios. El hombre no existe como una emanación o extensión de Dios sino que es un ser aparte.

4. Conocer a Dios, tal y cómo se revela en la Biblia (en este capítulo, de manera específica como Creador), conduce a la unidad cristiana.

5. Nyenhuis prefiere decir que Dios creó sin usar materiales preexistentes. Aboga que la palabra «nada» a veces se usa como si significará «algo». Con referencia al tiempo, Dios no creó en el mismo porque no hay temporalidad sin que exista lo material (y Dios es Espíritu). De manera que el tiempo comenzó con la creación del universo, pero este no comenzó en el tiempo.

6. La palabra *bara* se usa únicamente en cuanto a Dios en la Biblia, y significa crear algo nuevo y sin falta. La palabra *ktizoo* se usa en el Nuevo Testamento para describir la creación de Dios.

7. Nyenhuis aboga que la realidad de la creación establece una relación entre lo creado y el Creador, y afirma que Dios es Dueño de todo.

8. Dios se ha revelado a, y comunica con, sus criaturas a través de proposiciones o afirmaciones que pueden ser comprobadas. En el caso de Dios todas las proposiciones que comunica son verdad porque Él no puede mentir.

9. Las Escrituras asignan los actos creadores a las tres Personas del Dios Trino: el Padre (Apocalipsis 4.11); el Hijo (Juan 1.3); el Espíritu (Génesis 1.2).

10. Con referencia a la creación sabemos que nadie forzó a Dios a hacerla, lo hizo en su voluntad soberana. Aunque no sepamos todas las razones por las que creó, conocemos la principal: su propia gloria.

Lección 3

Capítulos 4 y 5

Sugerencias para comenzar la clase

1. Pídales a los alumnos que opinen acerca de la relación entre el conocimiento de Dios y la calidad de adoración y alabanza que practicamos. Asegúrese de que expresen ideas correctas acerca de cómo mejorar la calidad de la devoción tanto personal como colectiva. [Anime a los alumnos a expresar sugerencias prácticas.] Después de que varios estudiantes expresen su opinión, prosigan al próximo paso en la lección.

2. Invite a los alumnos a que reflexionen en los atributos de Dios y permita que varios voluntarios expliquen cómo algún atributo en particular (omnisciencia, inmutabilidad, omnipresencia, por ejemplo) afecta su vida como creyentes (o tal vez cuando no lo eran). Elijan a alguien para que sirva de secretario a fin de que escriba las buenas ideas y sugerencias que salgan a relucir. Después de unos minutos de interacción edificante sigan con el resto de la clase.

3. Con suficiente anticipación, pídales a dos o tres alumnos (dependiendo del tamaño de la clase), que preparen una pequeña dramatización que represente el tema ofrecido en el numeral anterior: ¿Cómo es que un conocimiento acerca de Dios afecta mi vida? Recuerde dejar suficiente tiempo para que los estudiantes reaccionen a, y opi-

nen acerca de, lo que experimentaron. Después de un tiempo de reflexión y exposición de ideas prosigan a completar el resto de la lección.

4. Desarrolle su propia idea creativa para comenzar la lección.

Comprobación de las preguntas

1. Para adorar y alabar a Dios se necesita un buen conocimiento de Él.

2. Nyenhuis usa tres descripciones: A. Algo que se conoce de Dios. B. Algo que podemos afirmar de Dios. C. Algo que podemos sostener como verdadero acerca de Él.

3. Es todo lo que Dios ha revelado en Su Palabra como características verdaderas de Él y lo que podemos entender y reproducir en nuestro lenguaje.

4. Se usan dos términos: atributos y perfecciones.

5. Los incomunicables solo le pertenecen a Dios. Los comunicables los poseemos en un sentido limitado.

6. Nyenhuis presenta la siguiente enumeración: aseidad, autoexistencia, inmutabilidad, infinitud, simplicidad.

7. De acuerdo a Nyenhuis, los atributos comunicables son: sabiduría, amor, bondad, santidad, justicia, veracidad, y soberanía. Referente al amor, Nyenhuis dice que la gracia de Dios representa «Su actitud benevolente e inmerecida hacia el pecador». Y explica que «una de las característi-

cas más notables de la gracia es el hecho de ser inmerecida. El objeto del amor no provoca la actitud». Al contrario, «Dios ama al pecador a pesar de que este es incapaz de provocar el amor. Dios ama porque es amor».

8. Nyenhuis afirma que la esencia de Dios y sus atributos no son distintos; sus atributos son idénticos a su naturaleza.

9. El alumno debe leer el artículo «La creación, la existencia y el carácter de Dios», por Francis Schaeffer, y escribir su propia reacción al mismo en base a: A. Puntos con los cuales concuerda. B. Puntos de desacuerdo. C. Aplicación práctica para su vida.

10. El alumno escribirá una posible aplicación práctica para su vida cristiana obtenida con este estudio.

Lección 4

Capítulo 6

Sugerencias para comenzar la clase

1. Para iniciar la lección sugerimos la lectura de los siguientes pasajes en voz alta: Juan 3.16; Romanos 5.6-8; y 1 Juan 4.7-8. Pídales a los alumnos que reflexionen acerca de lo que estos textos afirman respecto al amor de Dios. Invite a que varios opinen en cuanto a cómo este atributo de Dios debe cambiar nuestra relación con Él y con los demás. Después de algunos minutos de interacción prosigan al próximo paso de la clase.

2. Introduzca la clase sacando a relucir la veracidad de Dios, escribiendo Juan 5.24 en una pizarra y pidiéndoles a los alumnos que reflexionen acerca de su significado. Pida a los estudiantes que relacionen la veracidad de Dios con aquello contenido en dicho texto. Después de cierto tiempo de interacción completen el resto de la lección.

3. Pida a los estudiantes que reflexionen acerca de la siguiente pregunta: ¿Cómo nos ayuda la realidad de la justicia de Dios en nuestra vida diaria?. Permita que varios opinen y prosigan con la clase.

4. Desarrolle su propia creatividad para comenzar la lección.

Comprobación de las preguntas

1. Dios es diferente de toda su creación, pero a la vez está presente en su creación y nunca ausente de ella.

2. El amor es el atributo que muchos tienen como el más destacado.

3. El amor está plenamente vinculado con lo otro que Dios es.

4. Podemos decir eso en cuanto a que la soberanía de Dios es única, porque Él tiene una voluntad soberana. [Por cierto, Dios puso al hombre en la tierra para ejercer soberanía absoluta bajo la Suya.] Nyenhuis afirma que esto incluye superioridad y omnipotencia.

5. 1 Corintios 10.13; 2 Timoteo 2.13; Lamentaciones 3.23

6. Nyenhuis habla de justicia rectora, remunerativa, y retributiva. La primera trata de la norma que se usa para juzgar al hombre. La segunda tiene que ver con las recompensas y premios positivos que Dios da. Y, la tercera trata de los castigos que Dios impone como resultado del pecado.

7. Por cierto, debemos entender nuestra salvación con referencia a la justicia de Dios. Él pagó por nuestros pecados a fin de poder ser justos; además, Él justifica a los que creen en Jesús. No pudo ofrecer salvación gratuita sin que alguien pagará el precio, lo cual hizo nuestro Señor Jesucristo.

8. La independencia (aseidad) de Dios quiere decir que su existencia no depende de otro. La inmutabilidad significa que Él siempre es lo mismo. La infinitud de Dios quiere decir que es imposible medir cada aspecto de su ser por lo grande, extenso, y perfecto que es Él. La simplicidad de Dios quiere decir que es uno sin divisiones, ni separaciones.

9. El alumno debe leer el artículo «La seguridad descansa en el control divino», por Rolando Gutiérrez Cortés, y escribir su reacción al mismo en base a: Puntos con los que concuerda. Puntos de desacuerdo. Aplicación práctica.

10. La respuesta variará según el alumno. Solo asegúrese de que sea coherente y que muestre evidencia de reflexión y pensamiento lógico, y conforme a la enseñanza bíblica.

Lección 5

Capítulos 7 y 8

Sugerencias para comenzar la clase

1. Comience la lección con el siguiente reto: Pídales a los alumnos que reflexionen acerca de las veces que tomamos el nombre de Dios en vano. Sugiérales que opinen acerca de por qué se hace eso y qué se puede hacer tanto en lo personal como en la iglesia a fin de respetar Su nombre. Después de unos minutos de interacción beneficiosa prosigan con el resto de la lección.

2. Con suficiente anticipación, pida que dos o tres alumnos (dependiendo del tamaño de la clase) preparen una pequeña dramatización que represente la idea: ¿Cómo es que conocer los nombres de Dios afecta mi vida? Asegúrese de dejar suficiente tiempo para que los estudiantes puedan opinar y expresarse. Después de una interacción provechosa, completen la lección.

3. Pídales a varios voluntarios que compartan de manera breve (pero significativa) el Nombre de Dios que más les impactó en su estudio y por qué. Después de que opinen, prosigan al próximo paso de la clase.

4. Desarrolle su propia creatividad para comenzar la lección.

Comprobación de las preguntas

1. Dios es santo en sí mismo. Esa santidad se caracteriza por la separación de todo mal y pureza absoluta.

2. El conocimiento de Dios es comprensivo, intuitivo, e inmediato. No se deriva de observación ni de estudio. No depende de un proceso de razonamiento: es inmediato y unificado. El conocimiento de Dios es simple, indivisible, inmutable, y eterno. La sabiduría de Dios se ve especialmente a reflexionar sobre la creación, providencia, y redención de Dios.

3. Implica hablar del carácter y la personalidad de Dios y de una relación personal con Él.

4. *Padre* designa la primera persona en la Trinidad, y destaca nuestra relación a Él como hijos adoptados.

5. *El r*epresenta una palabra «casi genérica» que significa Dios, el Supremo, el Superior. La palabra *Elohim* probablemente se trata de un plural de majestad que intensifica su significado. Saca a relucir la majestad de Dios. Significa primero en rango, supremo, mismísimo Dios

6. El nombre Adonai (Mi Señor) tiene la connotación de gobernante, el Señor sobre toda la tierra.

7. De acuerdo a Nyenhuis, El Shaddai significa Todopoderoso. [Es posible que provenga de una palabra acadia que significa montaña. Así puede significar el Todopoderoso (encima de una montaña) o tal vez tenga que ver con lo que Dios suple para los suyos (o tal vez ambas ideas)].

8. Originalmente el nombre Yahvé consistía —al escribirlo— solo en las cuatro consonantes YHWH (lo cual técnicamente se llama *tetragramaton*, es decir, cuatro letras). Los judíos habrían tomado las vocales del nombre ADONAI, de lo cual surgió JEHOVÁ en las versiones españolas. (Debemos agregar que en la mayoría de las versiones católicas de la Biblia el nombre se escribe «Yahve», o simplemente «Yavé»). El nombre YHWH señala una relación entre Dios y su pueblo, un pacto por el cual se ha comprometido.

9. El alumno debe leer el artículo «El carácter de Dios», por Timothy Dwight, y escribir su reacción al mismo en base a: Puntos con los que concuerda. Puntos de desacuerdo. Aplicación práctica.

10. La respuesta variará según el alumno. Solo asegúrese de que sea coherente y que muestre evidencia de reflexión y pensamiento lógico, conforme a la enseñanza bíblica.

Lección 6

Capítulo 9

Sugerencias para comenzar la clase

1. Con suficiente anticipación antes de la lección, seleccione a dos o tres estudiantes (dependiendo al tamaño del grupo) y pídales que preparen una dramatización que represente un encuentro entre un sectario (uno que aboga en contra de la deidad de Jesucristo y del Espíritu Santo) y un cristiano con doctrina ortodoxa. Se debe consultar y usar los argumentos que aparecen en el libro *Apologética* (pp. 119-167). Recuerde dejar suficiente tiempo para que los alumnos respondan a la dramatización. Después de un tiempo de reflexión y discusión prosigan con el resto de la lección.

2. Introduzca la lección con la siguiente pregunta: «¿Cuántas personas en la iglesia típica creen que pueden nombrar los atributos de Dios, explicar la doctrina ortodoxa de la Trinidad, y comprobar la deidad de Jesucristo y del Espíritu Santo?» Permita que varios opinen y entonces haga una pregunta adicional: ¿Qué se puede hacer para que los que asisten a la iglesia sientan y vean la necesidad de saber esas cosas y cómo se les puede enseñar? Pida que alguien haga el papel de secretario a fin de anotar las ideas buenas, creativas y prácticas que puedan surgir. Después de una interacción avivada y edificadora pasen a la próxima porción de la clase.

3. Comience la lección con un breve repaso (nombrarlas y proveer una sencilla descripción de la posición) de las siete cosmovisiones principales (véase *Apologética,* pp. 43-44). Luego diga algo como lo siguiente: «El Dios que se nos revela en las Escrituras es un Dios trino: Uno en naturaleza y tres en Persona. Aquellos que abogan a favor de posiciones erróneas tienen sus razones (aunque por cierto equivocadas) para hacerlo. Los cristianos deben dar razones de lo que creen y afirman como verdad. En la lección de hoy comenzaremos a ver algo de la batalla en contra de la doctrina errónea en la historia de la iglesia. Permita que los alumnos opinen, y prosigan con el resto de la lección.

Comprobación de las preguntas

1. Nyenhuis afirma que podemos creer la enseñanza acerca de la Trinidad y comprenderla (en parte), aunque no explicarla en definitiva.

2. Nyenhuis nombra a Agustín de Hipona, teólogo africano. [Nota: A Agustín le tomó veinte años escribir *De trinitae*, su obra acerca de la Trinidad.]

3. Las tres herejías principales son categorizadas como: monarquiana, arriana, y macedoniana. La primera se preocupaba por mantener la unidad de Dios (pero al hacerlo implicaba error en cuanto al Trinidad). La segunda negaba que Jesús es Dios, y la tercera enseña error acerca del Espíritu Santo.

4. Según el autor, aparte de ser dañinas fueron fuertes motivos para que la iglesia buscara la verdad en las Escrituras. Por medio de ellas Dios enseñó a la Iglesia a encontrar la verdad.

5. Esta herejía abogaba que Dios se reveló como una energía o poder (de ahí el nombre «dinámicos», palabra que viene del griego *dynamis*, poder) en Jesús de Nazaret. En esta enseñanza incorrecta Jesús no es deidad sino que Dios obra en, con, o por medio de Él.

6. Esta forma de monarquianismo enseñaba que Dios se manifestaba o revelaba en tres distintas maneras o modos (de ahí su nombre «modalismo»). Primero se reveló como Padre, después como Hijo, y luego como Espíritu Santo. Esta herejía niega que la Trinidad tenga tres Personas distintas. Esto es, afirma que hay modos pero no Personas.

7. La palabra *homoousios* corresponde a la idea de que Jesús es de la misma esencia o naturaleza del Padre. Es decir, Jesús es tanto Dios como lo es el Padre (y también el Espíritu Santo). Por otro lado, *homoiousios* solo afirmaba similitud y no igualdad.

8. Nicea (325); Constantinopla (381); Éfeso (431); y Calcedonia (451). En Nicea se afirmó que Jesús era Dios al igual que el Padre. En Constantinopla se declaró que Jesús poseía humanidad completa (sin pecado y sin dejar de ser Dios). Éfeso afirmó que Jesús era solo una Persona y no dos, y Calcedonia señaló la relación de las naturalezas humana y divina de Jesús.

9. El alumno debe leer el artículo «El valor de la doctrina de la Trinidad», por Oliver Buswell, y escribir su reacción en base a: Puntos con los que concuerda. Puntos de desacuerdo. Aplicación práctica.

10. La respuesta dependerá del alumno. Solo asegúrese de que sea coherente y que demuestre evidencia de reflexión y pensamiento lógico, conforme a la enseñanza bíblica.

Lección 7

Capítulo 10

Sugerencias para comenzar la clase

1. Inicie la lección con la siguiente cita de Nyenhuis y pida que los alumnos opinen al respecto: «Los cristianos suelen dar la impresión de que les agradan las discusiones; pero las controversias teológicas no se explican con esa tendencia. Más bien se deben a que el cristiano se consagra a la verdad y está dispuesto a entrar en batalla por ella. El hecho de que pelee a favor de la verdad con todo ardor y poca discreción no mengua su dedicación a la verdad. Esto puede provocar insospechados bríos en la lucha». Asegúrese de que los estudiantes traten las siguientes preguntas: ¿En qué situaciones debe el creyente entrar en conflictos o discusiones con otros acerca de asuntos de la Biblia? ¿Hay diferentes principios a seguir con creyentes errados en contraste con no creyentes confundidos? ¿Cómo sabemos si alguien es un adversario a la fe o si sencillamente tiene confusión, o hay diferencia? Después de un tiempo de discusión provechosa prosigan con el resto de la lección.

2. Pida con suficiente anticipación a dos o tres alumnos (dependiendo del tamaño de la clase) que preparen una dramatización que ilustre maneras positivas (y negativas) de enfrentar las controversias (y cómo las mismas nos pueden llevar a una mejor comprensión de la Biblia). Asegúrese de dejar suficiente tiempo para que los alumnos res-

pondan a lo que han visto. (Pueden asignar a alguien que sirva de ayudante a fin de escribir ideas provechosas acerca del tema.) Después de un tiempo de interacción y exposición de ideas, pasen al próximo paso de la lección.

3. Comience la clase leyendo algunas de las ilustraciones usadas para explicar la Trinidad (véase la página 181) y pida a los alumnos que expliquen en qué están erradas. Incluya una que Norman Geisler usa (la matemática: 1 x 1 x 1 = 1). Después de un tiempo de reflexión y discusión avivada prosigan con el resto de la clase.

4. Desarrolle su propia creatividad para comenzar la lección.

Comprobación de las preguntas

1. De acuerdo a Nyenhuis, las controversias teológicas se deben a que el cristiano se consagra a la verdad de Dios y está dispuesto a combatir por ella.

2. Nyenhuis responde que nuestra salvación depende de que Dios sea Padre, Hijo, y Espíritu Santo.

3. Los cristianos son monoteístas indefectibles. No abogan a favor de muchos dioses sino de un solo Dios. No obstante, afirman que el único Dios que existe ha existido eternamente en tres Personas: el Padre, el Hijo, y el Espíritu Santo, cada uno igualmente Dios.

4. No podemos descubrir la enseñanza bíblica acerca de la Trinidad observando la naturaleza. Sin dudas, podemos aprender algo de Dios por medio del universo que ha crea-

do. No obstante, la enseñanza acerca de la Trinidad afirma una verdad de la revelación especial más que de la general.

5. Nyenhuis piensa que todas tienen puntos débiles ya que no hay nada en la naturaleza que sirva para ilustrar la enseñanza completa acerca de la Trinidad. No obstante, él piensa que pueden ser útiles para abrir la mente y facilitar la recepción de «una idea tan ajena a nuestra experiencia».

6. La analogía del agua fracasa en que el agua no existe simultáneamente como líquido, vapor, y hielo. Esta se aproxima más al modalismo.

7. La analogía del gobierno falla en que cada una de sus ramas (ejecutiva, judicial, y legislativa) solo representa una parte del mismo. Pero Dios no está compuesto de «partes». Las Personas no se agregan o suman para que juntas constituyan a Dios. Dios es sencillo, no compuesto. Esto se presta al triteísmo.

8. La analogía de la persona que sirve en tres capacidades (ej.: esposa, madre, hija) enseña modalismo. [Algunos usan la analogía de un huevo (cáscara, clara, y yema) o la ilustración matemática ($1 \times 1 \times 1 = 1^3$). El mejor camino parece ser sencillamente demostrar y afirmar lo que dice la Biblia: Hay un solo Dios, aunque el Padre es Dios, el Hijo es Dios, y el Espíritu Santo es Dios.]

9. El alumno debe leer el artículo «La Trinidad y el problema de la existencia», por Francis Schaeffer, y escribir su re-

acción en base a: Puntos con los que concuerda. Puntos de desacuerdo. Aplicación práctica.

10. La respuesta depende del alumno. Asegúrese de que sea coherente y que muestre evidencia de reflexión y pensamiento lógico, conforme a la enseñanza bíblica.

Lección 8

Capítulo 11

Sugerencias para comenzar la clase

1. Con anticipación a la lección pida a dos o tres alumnos que preparen una breve dramatización que represente a un creyente siendo confundido por unos herejes. Permita que los miembros de la audiencia ayuden al cristiano en peligro. Pida a los estudiantes que opinen acerca de lo que vieron y sus reflexiones. Después de algunos minutos de interacción, completen el resto de la lección.

2. Para iniciar la clase comente algunas afirmaciones doctrinales erróneas. Si es posible, anótelas y léalas en voz alta. Pídales a los alumnos que traten de responder a lo siguiente: A. ¿Cuál es el error (puede haber más de uno)? B. El grupo o creencia que lo proclama. C. Una respuesta bíblica. Después de que participen varios, prosigan al próximo paso de la lección.

3. Comience la lección pidiendo que alguien exponga la doctrina ortodoxa acerca de la Trinidad (mientras otros corrigen cualquier error que se comunique). Permita que varios participen hasta que se formule la afirmación correcta. Después de llegar a dicho punto, cerciórese de que nadie tenga preguntas o esté confundido, y prosigan con el resto de la lección.

4. Desarrolle su propia creatividad para comenzar la lección.

Comprobación de las preguntas

1. Nyenhuis afirma que una de las alusiones más exactas e indiscutibles se encuentra en el bautismo. Allí vemos a las tres Personas en forma simultánea.

2. La singularidad de Dios significa que Él es único. Solo hay un Dios. En el Antiguo Testamento se usa Deuteronomio 6.4 y en el Nuevo, 1 Timoteo 2.5.

3. Cuatro pasajes que aluden a la Trinidad son: Mateo 3.13-17 (y relatos paralelos); Mateo 28.18-19; 2 Corintios 13.14; 1 Pedro 1.1-2.

4. Las respuestas varían pero puede ser un texto como Juan 1.1; Hebreos 1.1-9; y 1 Pedro 1.17.

5. Las respuestas son varias aunque pueden ser pasajes como Juan 1.1; Hebreos 1.8; y Juan 8.58-59; 10:22-39. El alumno debe proveer una respuesta coherente que considere el contexto. Por ejemplo, en Juan 10.31-33, los judíos responden a las reclamaciones de Jesús intentando apedrearlo por blasfemia.

6. En Hechos 5.1-11 podemos ver que mentirle al Espíritu Santo equivale a pecar contra (o mentirle a) Dios.

7. Las respuestas deben contener las siguientes ideas: A. La Biblia siempre afirma que Dios es uno. La enseñanza acerca de la Trinidad no niega que Dios sea uno sino que explica que hay un solo Dios que ha existido eternamente en tres Personas. B. No hay subordinación de esencia

sino diferencia en función. C. La doctrina es un misterio pero Dios nos ha revelado lo suficiente para tener conocimiento real (aunque parcial). La enseñanza no va en contra de la razón, pero sí va más allá de la misma. No obstante, sin conocer absolutamente nada acerca de la Trinidad, ¡no pudiéramos ni saber eso!

8. Con referencia al modalismo, Nyenhuis afirma que Dios siempre existe en tres personas. Contrario al triteísmo, afirma que Dios siempre es uno.

9. El alumno debe leer el artículo «El camino hacia el conocimiento de la fe cristiana» por Andrés Kirk, y escribir su reacción al mismo en base a: Puntos con los que concuerda. Puntos de desacuerdo. Aplicación práctica.

10. La respuesta depende del alumno. Solo asegúrese de que sea coherente y que muestre evidencia de reflexión y pensamiento lógico, conforme a la enseñanza bíblica.